DA MESA PARA A TELA

Yann Duzert
Autor de *Newgotiation* e *Conflito de Interesses*

André Miceli
CEO e editor-chefe da MIT Tecnhology Review Brasil

DA MESA PARA A TELA

Novos modelos de negociação na era digital

ALTA BOOKS
GRUPO EDITORIAL
Rio de Janeiro, 2024

Da Mesa para a Tela

Alta Books é uma empresa do Grupo Editorial Alta Books (Starlin Alta Editora e Consultoria LTDA).

ISBN: 978-85-508-2281-5

Impresso no Brasil — 1ª Edição, 2024 — Edição revisada conforme o Acordo Ortográfico da Língua Portuguesa de 2009.

Dados Internacionais de Catalogação na Publicação (CIP)
(BENITEZ Catalogação Ass. Editorial, MS, Brasil)

D984m
1.ed. Duzert, Yann
Da mesa para a tela : novos modelos de negociação na era digital / Yann Duzert, André Miceli. - 1.ed. - Rio de Janeiro : Alta Books, 2024.
208 p.; 15,7 x 23 cm.

ISBN 978-85-508-2281-5

1. Covid-19 - Pandemia. 2. Competitividade. 3. Corporativismo. 4. Cultura digital. 5. Gestão de negócios. 5. Negociação digital. 6. Teletrabalho. I. Miceli, André. II. Título.

09-2024/52 CDD 658.1

Índice para catálogo sistemático:
1. Teletrabalho : Gestão de negócios : Administração 658.1
Aline Graziele Benitez - Bibliotecária - CRB-1/3129

Grupo Editorial Alta Books

Produção Editorial: Grupo Editorial Alta Books
Diretor Editorial: Anderson Vieira
Editor da Obra: J. A. Ruggeri
Vendas Governamentais: Cristiane Mutüs
Gerência Comercial: Claudio Lima

Produtora Editorial: Ana Clara Tambasco
Revisão: Maria Carolina Rodrigues e Thaís Cotts
Diagramação: Joyce Matos
Capa: Paulo Gomes

ALTA BOOKS
GRUPO EDITORIAL

Rua Viúva Cláudio, 291 — Bairro Industrial do Jacaré
CEP: 20.970-031 — Rio de Janeiro (RJ)
Tels.: (21) 3278-8069 / 3278-8419
www.altabooks.com.br — altabooks@altabooks.com.br
Ouvidoria: ouvidoria@altabooks.com.br

Editora **afiliada à:**
ASSOCIADO

Para minha mãe, Michèle

— Yann Duzert é autor de 26 livros de negociação e gestão de conflitos em vários países. Ele formou mais de 1 milhão de pessoas no mundo com cursos online e presenciais em mais de 50 universidades mundiais, 100 empresas, governos e associações. Eleito um dos 100 melhores palestrantes do Brasil pelo Palestrantes.org e pós-doutorado em pesquisa no MIT-Harvard Public Disputes Program, é também doutor em Gestão de Risco, Informação e Decisão pela ENS Paris-Saclay. Além disso, atua como CEO da Temperance LTDA e é professor associado na Rennes School of Business e é membro do Conselho Editorial do MIT Technology Review no Brasil.

Para meus filhos, Enzo e Teo

— André Miceli é mestre em Administração pela Ibmec – RJ, com MBAs em Gestão de Negócios e Marketing pela mesma instituição. Certificado no programa Advanced Executive Certificate in Management, Innovation & Technology do MIT. Graduado em Informática pela PUC–Rio. CEO e editor-chefe da MIT Technology Review no Brasil e em Portugal. Fundador e presidente do Conselho da Infobase, uma das 50 maiores integradoras de TI do Brasil, e coordenador acadêmico da Fundação Getúlio Vargas. Comentarista da Jovem Pan sobre os temas de tecnologia, negócios e sociedade.

SUMÁRIO

PREFÁCIO

SEMPRE DIGO QUE PASSAMOS BOA PARTE DO NOSSO tempo negociando, mesmo sem nos darmos conta. E isso vai além do contexto de venda ou marketing, ao qual normalmente associamos essas questões. Pense na sua interação com sua família, seus amigos, professores, colegas de trabalho, chefes... Não passa um dia sequer sem que precisemos recorrer à negociação para conseguirmos o que queremos, ou criarmos concessões quanto ao que não gostaríamos.

Contudo, isso é tão natural que você nem percebe. Acredito que a negociação é inerentemente humana, assim como o fato de sermos seres políticos. Essa é uma das razões pelas quais digo que precisamos levar em conta que a negociação é uma linguagem poderosa, que permeia todo o nosso comportamento e nossa forma de interagir com o outro.

Além disso, presumo também que nossa visão sobre ela precisa ser ética, carregar valores importantes para nós — e que muitas vezes trazemos de casa — e por último, mas não menos importante, precisa ser empática. Gosto sempre de enfatizar o fato de que o modelo de negociação onde um ganha e o outro perde deixou de ser o padrão.

Atualmente, o que vemos muito no mercado é a volta de uma relação muito mais H2H (*humans to humans*), calorosa e próxima, do que B2B (*business to business*), mais fria e impessoal. Isso quer dizer que nos voltamos para um aspecto ganha-ganha, em uma troca humanizada, e isso só é possível se usarmos um olhar empático e compreensível com o nosso interlocutor.

Porém, engana-se quem pensa que por ser algo nosso, intrínseco, a negociação pode ser deixada de lado. Na verdade, ela é uma arte e deve ser aprimorada e desenvolvida tanto quanto qualquer outra *soft skill* que tenha ficado tão evidente devido à digitalização das coisas.

Há muita técnica no ato de negociar para que ela ocorra de uma maneira fluída, benéfica e que satisfaça todas as partes envolvidas. Sendo assim, torna-se um processo de decisão compartilhada, onde se tenta, com o uso de diversas estratégias e argumentos, chegar a um acordo vantajoso para todos.

Existem, é claro, inúmeras técnicas para realizar uma boa negociação e estabelecer bons argumentos entre os interlocutores até a chegada do famigerado "sim"e uma série de estudos que esmiúçam seus momentos (preparação, criação e distribuição de valor e implementação), assim como os elementos que permeiam essas etapas, alguns com mais e outros com menos intensidade, dependendo do estágio em que a negociação estiver.

Além do mais, o contexto atual no qual vivemos — com o novo normal pós-pandemia, mas, simultaneamente, com medo de um novo surto, guerras e conflitos generalizados por todo o mundo — impactou profundamente nossa forma de lidar com essa arte.

Quem nunca fechou um negócio por e-mail ou por WhatsApp que atire a primeira pedra. Esses são meios de negociação tidos como frios, mas que tomaram conta de nossas vidas quando o mundo sucumbiu a uma série de confinamentos e restrições sociais durante os dois anos de pandemia.

Felizmente, a neuroplasticidade[1] caminha com a aceleração da tecnologia e pode ser fortalecida, se este for o seu interesse. Portanto, o que mudou, na minha concepção, é que na atualidade o negociador precisa assumir uma postura muito mais pacífica e resiliente, pois, afinal, o interlocutor pode muitas vezes ter uma compreensão diferente daquilo que se tentou exprimir.

De modo paradoxal, o mundo de hoje não tem tempo (ou paciência) de esperar por nada e nem ninguém. É preciso ser ágil para não perder um cliente e este, no que lhe concerne, está acostumado a negociar em velocidades crescentes. A internet diminuiu a distância entre nós, mas também trouxe consigo alguns desafios como a hiperconexão, a competitividade, o fácil acesso a oportunidades e sua consequente perda de valor, novos agentes, entre outros.

A geração Z[2], por exemplo, é tida como nativa digital e requer outro tipo de abordagem no que diz respeito às negociações. Eles já nasceram tendo todas as respostas ao alcance de suas mãos, a poucos toques de distância. Decerto, o tempo que eles dispõem para chegar a um acordo é menor do que quando negociamos com pessoas de gerações anteriores.

Entender esse cenário, e com quem se está falando, permite elaborar contrapartidas a possíveis questionamentos ou barreiras que surgirem durante uma negociação. É por isso que mais do que nunca

1 Capacidade do cérebro de se transformar, de mudar, em resposta aos estímulos aos quais somos submetidos.

2 Nascidos entre o fim da década de 1990 e 2010.

é preciso proatividade e uma escuta ativa ao buscar informações e dados sobre o momento atual ou se o nosso produto, solução e negócio estão alinhados com a realidade do interlocutor, em um processo de constante aprendizado sobre o mercado e as relações humanas. Toda negociação, não importa se nas telas ou nas mesas, precisa ser dinâmica, interativa e prezar por uma comunicação clara, eficiente e satisfatória entre todos os envolvidos.

Mas para um bom negociador não importa o tamanho do desafio (ou com qual geração estamos falando), usando as estratégias certas, é possível chegar a um acordo e até mesmo fechar um negócio. Afinal, negociar é mais sobre ouvir o outro, criar um ganho mútuo e distribuir valor entre as partes. É acordar sem que a outra pessoa se dê conta disso.

Portanto, em tempos de reconstrução das relações humanas e do redesenho do papel da tecnologia em nossa sociedade, é preciso, entre outras coisas, modificar antigas práticas e validar modelos que antes eram garantia de sucesso. Ao longo deste livro, você verá contextos e recomendações onde André Miceli e Yann Duzert explicitam cada um desses elementos e como eles atuam nesse novo mundo que a pandemia nos deixou de presente.

Espero que *Da Mesa para a Tela* faça você refletir sobre as bases relacionais no que diz respeito às relações humanas e mercadológicas, com um olhar voltado tanto para as trocas comerciais quanto trabalhistas. Este livro também tem o intuito de ser uma ferramenta com proposições práticas e eficientes para que você tenha mais êxito nessa nova realidade por meio da apresentação de exemplos de algumas das empresas de maior destaque no cenário brasileiro de inovação, que usaram a tecnologia para aprimorar os processos de negociação e se adaptar com eficácia ao novo cenário mercadológico. Inspire-se e veja como organizações nativas digitais e organizações tradicionais utilizaram as tecnologias digitais como ponte aproximando clientes, negócios, parceiros, fornecedores e colaboradores, a despeito das limitações inerentes à sua natureza.

Em suma, as habilidades de negociação e vendas, assim como outras competências humanas, é aprimorada através da prática constante. Muitos aspectos dessa arte envolvem a sensibilidade ao comportamento humano que desempenham um papel fundamental nesse seguimento. Ao desenvolver um olhar empático e analítico, você se torna um negociador mais habilidoso, capaz de compreender as necessidades e desejos das partes envolvidas, além de encontrar soluções que atendam aos interesses de todos.

CAPÍTULO 1

O FUTURO DAS NEGOCIAÇÕES ONLINE E PRESENCIAIS

NEGOCIAÇÃO, SEGUNDO AS DEFINIÇÕES ENCONTRADAS nos dicionários atuais, é uma palavra derivada do latim *nega otium* ("negar o ócio"), que significa negar o lazer, o tempo livre, o prazer. Parece uma perspectiva terrível se pensar que as pessoas passam mais de 80% de suas vidas negociando com a família, vizinhos, colegas, clientes, fornecedores, acionistas, governo, dentre outros (DUZERT e SIMIONATO, 2018). Ou seja, mais da metade do tempo, as pessoas estão, de alguma forma, negando o tempo livre e o prazer, ocupados com atividades e com interações que, muitas vezes, se assemelham a verdadeiras "lutas".

Foi sob essa ótica que o ensino da negociação tradicionalmente se concentrou. Pode-se dizer que, a negociação tradicional é, na melhor das hipóteses, definida como um jogo de poder e influência. Não à toa, o mundo das organizações e o grande público percebem a negociação como uma tática de guerra ou jogos estratégicos. Pense em *Game of Thrones* (2011-2019)[1] ou *House of Cards* (2013-2018)[2] e você terá um exemplo prático de como as negociações podem ser feitas das formas mais ardilosas e cruéis.

No entanto, a antiga escola de negociação torna-se inapropriada e superada, especialmente levando-se em conta os últimos dois anos, com a pandemia da covid-19 e seus efeitos que viraram o mundo de ponta cabeça. Com o consequente distanciamento social, a digitalização das relações ganhou um novo peso e houve um crescimento das interações remotas, inclusive no que diz respeito ao trabalho.

Atualmente, por exemplo, as organizações modernas e seus líderes encontram uma série de situações com uma complexidade muito maior, onde tomar decisões com base somente em aspectos como a autoridade e o poder não surtem mais os mesmos efeitos. Gestores de empresas dos mais diversos portes precisam enfrentar ocorrências mais difíceis, que vão além do gerenciamento de conflito e negociação com o qual estavam acostumados.

Pense nas reuniões e encontros de negócios. É claro que reuniões à distância já ocorriam bem antes de uma pandemia se instaurar, mas antes o que era uma exceção, virou basicamente a regra.

Acordos e contratos, no entanto, não deixaram de ser fechados, transações não foram adiadas até a volta do presencial e ninguém deixou de falar com seus funcionários ou acionistas por conta disso. Mas é inegável que houve uma perda do poder da linguagem corporal, por exemplo, que serve como um indicador inconsciente de quais abordagens adotar em uma negociação. Com isso, organizações e líderes tiveram que se reinventar para preencher a lacuna do presencial e conseguirem manter as negociações em andamento no mesmo ritmo que antes, porque não se sabia quando o mundo voltaria ao normal.

Outro fator que impactou as negociações nesse novo contexto digital e pandêmico foi a própria questão geracional. Cada geração (baby boomers, geração X, geração Y/millennials e geração Z[3]) pensa e se comporta de maneira diferente por conta de seu contexto histórico, econômico, cultural e tecnológico. Pense nos baby boomers que apresentam uma dificuldade tremenda em se adaptar às novas tecnologias, enquanto a geração Z é tida como nativa digital. Ou seja, são jovens que já nasceram conectados e que nunca tiveram que lidar com um mundo sem internet.

Nota-se um embate de perspectivas e visões conflitantes quanto a como o mercado de trabalho deveria funcionar e quais valores deveriam importar em uma empresa. Em uma pesquisa feita em 2011 pela Amcham Brasil, 75% das empresas enfrentam problemas relacionados a conflitos de gerações no ambiente organizacional.

Não só isso, a maneira como os valores dessas novas gerações também se apresentam são distintos das gerações anteriores. Dinheiro, é claro, continua sendo um fator importante, mas há uma maior apreciação por uma rotina de trabalho mais equilibrada e saudável, com menos propensão dessa força operacional ficar muito tempo em um lugar que não combine com seus pontos de vista ou que os trate de uma forma negativa.

Assim, essa nova era digital traz consigo a importância da transparência, da integridade e da reputação, traduzidas em confiança. Hoje, mais do que nunca, as habilidades de negociação se fazem necessárias no arsenal de um bom profissional que queira transitar nesse novo mundo que se apresenta para a sociedade.

Afinal, o que se conhecia como normal não voltará nem agora e nem nunca. De acordo com Tsedal Neeley, professora de administração de empresas na Harvard Business School e autora do livro *A revolução do trabalho remoto: Um guia para o sucesso de equipes que trabalham de qualquer lugar*, a covid-19 acabou com o que se entendia por "cultura empresarial" e com o entendimento clássico de que, para que os colaboradores pudessem compartilhar as mesmas atitudes, comportamentos, missão, valores e expectativas que os movem diariamente, todos deveriam estar juntos em um mesmo lugar.

Segundo Neeley, as pessoas estão mais satisfeitas trabalhando remotamente, o que pode ser provado pelo aumento da produtividade e da qualidade de vida em diversas empresas. Para ela, a única coisa que é necessário focar é em como as pessoas se comunicam e transmitem a cultura empresarial para os funcionários e lideranças, bem como a forma que estabelecem novas normas culturais em um meio totalmente digital.

Em virtude disso, seres humanos, de uma forma geral, estabelecem confiança por meio de interações repetidas e honestas ao longo do tempo e em contextos compartilhados; no entanto, isso é difícil em equipes remotas onde normalmente há menos interações pessoais e sugestões sociais. Então como confiar em alguém se não se pode ler gestos, linguagem corporal e expressões faciais em reuniões cara a cara periódicas?

Esse desafio vem aliado a muitos outros, mas principalmente à necessidade de criar um ambiente de harmonia e construir uma ética na nova era digital, ou seja, novos padrões da e-reputação[4] para aumentar as possibilidades de acordos sustentáveis, tanto entre clientes quanto com os funcionários das organizações — e tudo isso feito remotamente.

Acredita-se que o primeiro passo seja definir um objetivo em comum, ou estabelecer um interesse coletivo. Pode ser uma meta, um objetivo, a própria cultura da empresa. O importante é que todos estejam de acordo. Diante disso, o pai da Apple, Steve Jobs, uma vez disse: "É normal perder muito tempo discutindo sobre qual caminho seguir para São Francisco quando todos querem ir para lá, mas muito tempo é perdido em tais discussões se uma pessoa quer ir para São Francisco e outra secretamente para São Diego."(1997)

Isso quer dizer que, antes de qualquer outra coisa, as pessoas devem todas concordar quanto ao destino da viagem — e o mesmo pode ser aplicado ao contexto das negociações, sejam elas online ou presenciais. Muitos estudos de tomada de decisão em grupo e conflito intergrupal demonstram que quando os membros da equipe estão trabalhando em direção a um único objetivo, eles são menos propensos a se verem como vencedores ou perdedores individuais, tornando-se mais abertos a perceber as opiniões dos outros corretamente e a aprender com eles.

Por outro lado, no momento em que os executivos não têm propósitos comuns, há uma tendência de serem mente fechada e mais tendenciosos a interpretar erroneamente e culpar uns aos outros, prejudicando qualquer tipo de negociação e acordos que possam surgir dali. Isso é normal, e até mesmo esperado, visto que pessoas razoáveis, que tomam decisões em condições de incerteza, provavelmente terão desacordos honestos sobre o melhor caminho para o futuro.

E é justamente por isso que a negociação continua válida, não importa o quanto o mundo mude. Afinal, como Aristóteles definiu há anos, "o homem é um ser político por natureza"; e ao viver-se em sociedade, os cidadãos devem trabalhar em prol de manter um equilíbrio entre as partes e seus interesses, o que só se consegue por meio de um consenso entre aqueles envolvidos na questão.

O quadro abaixo sintetiza essa linguagem de negociação que funciona tanto no meio físico como em uma sala de reunião, na mesa de um restaurante ou no digital, por meio de telas.

	1 PREPARAÇÃO	2 CRIAÇÃO DE VALOR	3 DISTRIBUIÇÃO DE VALOR	4 FECHAMENTO
CONTEXTO	✓			
INTERESSES	✓	✓		
OPÇÕES	✓	✓		
PODER	✓	✓	✓	
COGNIÇÃO	✓	✓	✓	✓
RELACIONAMENTO	✓	✓	✓	✓
CONCESSÃO			✓	
CONFORMIDADE	✓			✓
CRITÉRIOS	✓		✓	✓
TEMPO	✓			✓

Figura 1: Quadro com os dez elementos de negociação conforme o livro *Newgociação para Profissionais do Setor Público* (DUZERT; MORAES; ZERUNYAN, 2021)

Por mais que mudanças ocorram nas formas em que as pessoas interagem (como será apresentado a seguir), a arte de negociar continua envolvendo a gestão de risco, informação e decisão, além de uma série de técnicas e habilidades que precisam ser desenvolvidas e postas em prática se os negociadores quiserem celebrar o acordo. Pois, tendo uma compreensão mais clara das escolhas e possibilidades, é possível criar uma gama mais rica de opções e, por fim, tomar decisões eficazes necessárias nos ambientes competitivos digitais da atualidade, ao invés de só ficar esperando que o mundo como se conhecia antigamente volte.

Em *Como Chegar ao Sim*, William Ury, Roger Fisher e Bruce Patton (2005) sugerem que para uma boa negociação, é preciso que se busque sempre possíveis benefícios mútuos e que, quando os interesses entrarem em conflito ou não parecerem dialogar, o foco deve passar a ser em resultados baseados em padrões justos, independente da vontade de ambos os lados.

Para eles, qualquer negociação deve ser avaliada por três critérios:

1. Produção de um acordo sensato, se houver possibilidade de acordo;
2. Eficiência;
3. Aprimoramento ou, pelo menos, a boa manutenção do relacionamento entre as partes.

Os autores conceituam esses três pilares dentro do método conhecido como negociação dos méritos ou baseada em princípios. Mas neste livro serão abordados os dez fundamentos de negociação apresentados na Figura 1 (DUZERT e SPINOLA, 2018) e suas aplicações nos novos tempos:

1. Cognição;
2. Contexto;
3. Interesses;

4. Opções;
5. Padrão/Critérios;
6. Tempo;
7. Concessão;
8. Relacionamento;
9. Poder;
10. Conformidade Legal.

Para fins de análise e para tornar palpável esses itens no mundo atual, os exemplos a seguir serão pensados nas relações de trabalho pós-pandemia e em que tipos de negociações terão que ser feitas para que as partes envolvidas concordem ou cheguem a um consenso.

CONTEXTO/AMBIENTE

É representado pelos ambientes externo e interno, pela situação micro e macroeconômica, assim como política, social, histórica e geopolítica onde se desenvolve o processo de negociação, que podem ser mapeados por meio da identificação do clima organizacional e das emoções que envolvem a todos no âmbito.

Uma análise de contexto permite perceber qual é a melhor circunstância para negociar uma fusão, a venda de um consultório, a renegociação de aluguel comercial e até mesmo a volta presencial para o escritório.

O negociador deve ter uma visão holística do processo, que lhe permita identificar as posições e perfis dos envolvidos, as quais servirão de subsídio para a definição da estratégia a ser adotada. Condicionar as pessoas a um determinado contexto pode prepará-las a aceitar um ponto de vista ou decisão — *Pré-suasão* (CIALDINI, 2017).

Pense nas negociações que ocorrerão, ou já estão ocorrendo, de líderes de todo o mundo com seus funcionários para decidirem a questão mais proeminente da cultura de trabalho do mundo moderno: voltar ou não voltar para o presencial? O *home office* veio para ficar? Como garantir a segurança de todos com as variantes da covid-19 surgindo com cada vez mais rapidez? As vacinas serão eficazes por quanto tempo?

Estes são pontos que devem ser considerados neste contexto da volta presencial aos escritórios ou da permanência do trabalho remoto.

COGNIÇÃO

É um processo de conhecimento que tem como fontes: a informação do meio em que as pessoas vivem e o que está registrado na memória delas. Esse processo envolve atenção, percepção, raciocínio, juízo, imaginação, pensamento e linguagem.

Ele é responsável por mostrar onde existem diferenças de interpretação entre a parte A e B, ou seja, se há uma assimetria de informações. Pode-se dizer que ele trata do conhecimento e do alinhamento das diferentes compreensões sobre o assunto e o significado dos dados, trata-se de reduzir o *gap* de percepção das partes.

Quando uma pessoa conversa com outra, seu subconsciente está o tempo todo captando e decodificando informações de todo o entorno. Os gestos, o olhar, o tom de voz utilizado etc. Mas, atualmente, com a realização das reuniões online, perde-se uma parte valiosa da compreensão da linguagem corporal. Com apenas os rostos focalizados (às vezes, nem isso), os envolvidos nessas videoconferências deixam de contar com o arsenal de gestos involuntários que ajudam a entender o que o interlocutor expressa além das palavras.

OPÇÕES

Refere-se ao conjunto de oportunidades que cada um dos atores elenca, a partir do conhecimento dos interesses da outra parte e do que poderão ser utilizados nas trocas. As opções enriquecem a negociação, possibilitando maiores trocas e tornando o acordo mais "rico".

Ao condição da pandemia, onde as pessoas estavam vivendo os dias sem saber com exatidão como seria o futuro do trabalho, pode-se relacionar um conjunto de opções: voltar ao presencial, adotar um modelo híbrido, permanecer em *home office*, entre outras possibilidades.

Para ajudar a tomar a melhor decisão sobre o assunto, o ideal é que se considere os interesses das partes envolvidas.

INTERESSES

São os resultados que se deseja obter em uma negociação. Para isso, deve-se superar emoções, intempestividades, preocupações, medos, desejos, necessidades e esperanças. As pessoas têm seus próprios interesses e eles variam em função das circunstâncias, mas pode-se entender um pouco do que almejam ao usar este conjunto de perguntas: qual a razão da negociação? Qual é a definição do problema? Qual o porquê e onde se quer chegar?

Em uma pesquisa com 1400 participantes feita pela MIT Technology Review Brasil (WORK ANYWHERE, 2020), ao serem perguntados sobre uma possível retomada das empresas aos escritórios e a consequente diminuição ou abandono do *home office*, o panorama foi:

- 93,5% dos entrevistados querem manter pelo menos um dia de *home office;*
- Quase 10% não querem mais voltar ao escritório;
- 6,5% dizem não querer mais *home office* nenhum dia.

Perceba que, atrelado ao cenário da pandemia, existem também dúvidas quanto ao futuro dos modelos de trabalho. Essas podem ser destrinchadas em uma duas esferas de interesse: aqueles que querem a volta do modelo presencial e os que têm seus motivos para preferir um modelo em detrimento de outro.

Nessa mesma pesquisa, o perfil dos entrevistados com maior percentual em relação à permanência do *home office* foram adultos entre 35 e 44 anos, que entendem que podem conciliar afazeres pessoais e profissionais em casa. Em contrapartida, jovens com até 25 anos, que moram sozinhos, tiveram uma tendência maior a responderem a favor da volta presencial ou de um modelo híbrido onde pudessem trabalhar tanto de casa quanto dos escritórios.

Essa diferença encontrada entre os respondentes também pode ser compreendida como uma divisão de interesses, onde não há certo ou errado, mas que devem ser considerados na hora de se negociar.

PADRÃO/CRITÉRIOS

Refere-se à necessidade de se estabelecer parâmetros que sejam aceitos e que tenham a confiança de todas as partes. Conflitos de interesses ocorrem quando não se encontram padrões que satisfaçam as duas partes.

Por exemplo, para conduzir a pesquisa, a MIT Technology Review Brasil manteve o anonimato dos entrevistados, que tiveram que responder 54 perguntas. Com isso, conseguiram estabelecer um padrão nas respostas e organizá-las de forma coesa em um relatório, apresentado na edição especial da revista Work Anywhere em dezembro de 2020.

A partir dos resultados obtidos, os leitores puderam tirar suas próprias conclusões do que fez mais sentido segundo o contexto da empresa, considerando seus interesses e critérios.

Um adendo importante a se fazer sobre este elemento é que os padrões e critérios, para uma melhor negociação e manutenção de um bom relacionamento, precisam ser transparentes — caso isso não seja possível, ao menos que se tenha esse objetivo em mente e trabalhe nesse sentido. Afinal, é preciso que todos os envolvidos possam ver todas as cartas na mesa antes de decidirem, para no final não terem nenhuma surpresa desagradável sobre o desfecho de uma negociação.

CONCESSÃO

Desse modo, o elemento anterior pode se relacionar diretamente ao de concessão, onde uma parte oferece à outra algo que se tenha posse e que seja de interesse dela. Nesse caso, gestores e colaboradores podem não chegar a um acordo totalmente favorável, mas poderão fazer de tudo para que ambos os lados "saiam ganhando".

Concessão não é sinônimo de fraqueza e não significa perda de poder, pelo contrário, pode ser também um facilitador para o fechamento de um acordo, especialmente se há uma reciprocidade. Refere-se ao comprometimento das partes, formulação de compromisso, troca e colocar-se no lugar do outro.

Algumas empresas já retomaram as atividades presenciais, enquanto em outras, esse é um assunto longe de ser discutido. Durante essa volta presencial, companhias do mundo todo e seus funcionários estão tendo que lidar com a flexibilização da rotina, protocolos de segurança e adaptação dos espaços de trabalho. Com certeza, os gestores dessas empresas que retomaram ao escritório físico tiveram que fazer algumas concessões, bem como seus colaboradores.

TEMPO

A velocidade com que um processo de negociação se desenvolve é um fator que pode gerar decepção nos negociadores. Quando a negociação se desenvolve ou termina rápido demais, os participantes tendem a ficar insatisfeitos, especulando que poderiam ter despendido mais tempo negociando ou pressionando para obter melhores resultados (TRUMP, 2016). Contudo, se o processo de negociação for muito lento, cria-se uma sensação de desestímulo e desinteresse que pode contaminar o desfecho da mesma.

Para o retorno presencial ao trabalho, por exemplo, quanto tempo essa negociação entre as partes interessadas irá levar depende de diversas variáveis, muitas delas ainda verdadeiras incógnitas e que mudam a todo instante.

RELACIONAMENTO

Esse item trata de como as partes se relacionam. Qualquer negociação, tendo ou não alcançado um acordo, busca manter o relacionamento em boas condições, "não se deve fechar uma porta". Um bom relacionamento é uma das chaves para o sucesso da negociação. Não é preciso que as partes gostem umas das outras, nem que tenham os mesmos interesses, mas deve prevalecer o respeito e a integridade.

Por isso, ao tratar de uma negociação para a volta presencial, por exemplo, é preciso estar atento ao tempo, para não exaurir os envolvidos na discussão, bem como na apresentação dos interesses e suas possíveis concessões. Ao levar esses pontos em consideração, a negociação tenderá a preservar o relacionamento entre ambos, mesmo que no final acabem por discordar.

PODER

Na maioria das negociações há uma assimetria de poder e a tendência é buscar um equilíbrio. Há também elementos vinculados às "aparências de poder" (deixar a outra parte esperando, fazer-se de importante, ostentar símbolos de poder etc.) que fazem com que o outro lado se sinta diminuído, levando-o a fazer um acordo ruim para ele, e ótimo para o "poderoso".

No parâmetro pandêmico, os líderes que desejassem que seus funcionários estivessem no escritório deviam ter muito cuidado ao forçar as pessoas a voltarem. Nesse tipo de relação, é claro que o gestor tem a palavra final. Então se ele disser que todos devem voltar ao trabalho presencial, os colaboradores voltarão, mesmo que seus interesses sejam contrários. Assim, é possível acarretar em uma série de problemas, como a insatisfação ou até mesmo a saída do funcionário, que irá preferir trabalhar em um lugar que atenda aos seus desejos.

Ao tomar essa decisão, é preciso ser cauteloso e procurar ouvir todas as partes, realizando concessões se possível, até chegar a um acordo.

CONFORMIDADE LEGAL

Refere-se à legitimidade dos contratos necessária à viabilização de um acordo, observando-se as leis e a estabilidade dos órgãos reguladores, responsáveis por legislar sobre o assunto, além de estabelecer regras e um foro de discussão.

Esse elemento ganha um novo peso no contexto atual. A covid-19 acabou com as normas culturais que costumavam ser adotadas. Hoje, funcionários passam a maior parte do tempo em espaços digitais, em computadores pessoais ou sem adotar todas as medidas de segurança que funcionavam no escritório físico.

Além disso, no momento atual, os gastos que antes a empresa pagava como benefício para os colaboradores (como vale-transporte, alimentação etc.) ganharam uma nova conotação em suas rotinas. Agora, os gastos passam a ser voltados para luz, melhor conexão e velocidade de internet entre outros. Algumas empresas pagam uma ajuda de custo para que os funcionários possam arcar com esse aumento, mas outras não. Por isso, novos acordos, termos e condições, normas, medidas legais e de segurança, regras e combinados devem ser feitos para manter a cultura do trabalho operante mesmo sem a proximidade física.

1.1 CONTEXTOS E RECOMENDAÇÕES PARA TRANSITAR ENTRE OS MEIOS

A seguir, serão apresentados alguns contextos e recomendações para transitar no novo cenário da negociação na era digital. Para reconstruir as relações humanas e tirar o sentido delas diante de todas as inovações tecnológicas que existem, é preciso, entre outras coisas, modificar antigas práticas e validar modelos que antes eram garantia de sucesso.

Autores como Mark Fisher, Bauman e Baudrillard já abordaram em suas obras a problemática central em torno de como a internet, e o mundo virtual como um todo, podem modificar nossa percepção temporal e relacional. Relações são estreitadas, distâncias são diminuídas, tudo parece ótimo. Em contrapartida, essas novas formas de interação com o mundo podem, efetivamente, modificar como se percebe o outro e alterar o peso que se dá a determinadas dinâmicas.

Confira algumas conjunturas onde essa mudança pode ser mais proeminente e como transitar por elas de forma eficaz.

1.1.1 PRESENCIAL OU VIRTUAL?

Como espécie social, os humanos têm como instinto primitivo um desejo por realizar conexões e alianças, feito por meio da comunicação, da troca de informações e de experiências. Sabe-se que a tecnologia e as inovações digitais exercem grande influência na forma com a qual as pessoas se relacionam entre si, inclusive sobre o jeito de se fazer negócios.

As negociações, por exemplo, atualmente deixam de ocorrer em salas de reunião ou em lugares sociais como restaurante e bares e passam a depender de conexões de internet — mudança enfatizada ainda mais pelas medidas de isolamento social e distanciamento adotadas para controlar os efeitos do coronavírus. Assim, o que muitas vezes era feito à mesa, com longas conversas facilitadas por uma maior socialização entre as partes, cede espaço a algo mais frio e distante.

Detalhes e termos que antes poderiam ser acordados de uma forma mais fluida e dinâmica, correm o risco de se tornar uma negociação extremamente técnica. Pode-se pensar, portanto, que algo crucial é perdido com esse distanciamento, pois a negociação ocorre entre pessoas — e não entre máquinas.

Por isso e por conta do caráter inerentemente social humano, a fim de que ocorra uma negociação da melhor forma possível, é necessário se adaptar a esse novo meio e entender a comunicação humana no seu cerne, nas suas sutilezas envolvidas nas mensagens não verbais para que a sua abordagem seja exemplar em qualquer campo.

Como forma de diminuir essa distância entre o discurso do ponto de vista físico e o virtual, surgiu na década de 1990 os "emoticons" — palavra derivada do inglês *emotion* (emoção) + *icon* (ícone). Não existe bem um consenso quanto ao seu criador, mas a mais aceita conta que o professor Scott Fahlman, na Universidade Carnegie Mellon, nos Estados Unidos, foi o responsável pelo nascimento do primeiro emoticon que se tem história, o *smiley face*. Posteriormente, outros emoticons surgiram e até mesmo uma nova categoria foi desenvolvida, os "emojis", derivada de uma palavra japonesa que separadamente quer dizer *e* (imagem, pintura) + *moji* (personagem), criado pelo japonês Shigetaka Kurita, que na época trabalhava para a maior empresa de telefonia celular do país, a NTT DoComo.

O ditado popular "uma imagem vale mais que mil palavras" pode ser aplicado à realidade dos emoticons, emojis ou figurinhas, que lentamente conquistaram um espaço essencial na comunicação humana em programas de mensagem como o Skype, WhatsApp, Telegram, Facebook e muitos outros.

A maioria desses ícones são autoexplicativos. Por exemplo, um simples emoticon como o *smiley face* ":)" consegue exprimir uma emoção, um estado psicológico. No entanto, isso é algo limitado e não apresenta nuances. E mesmo o mundialmente conhecido ":)" pode ter diversas interpretações e variar quanto ao seu significado dependendo de seu contexto.

Hoje, esses emoticons e figurinhas estão mais evoluídos e expressam um número crescente de ideias e emoções, conferindo significado a uma mensagem além da palavra ou, muitas vezes, no lugar dela. Essa forma de comunicação conquistou um lugar-comum no mundo on-line, utilizados em grande escala por milhares de usuários nas mais diversas plataformas de comunicação e em redes sociais.

Dessa forma, podem ser entendidas como um dos exemplos mais recentes de como a tecnologia cria ferramentas e caminhos de comunicação, conseguindo expressar uma gama de emoções ou ideias diferentes sem utilizar necessariamente palavras. Todo o sentido da mensagem fica contido em uma simples figura, e pessoas de uma mesma comunidade ou grupo tem interpretações diferentes quanto ao seu significado real.

Mas mesmo com as mudanças nas maneiras de se relacionar, com toda essa tecnologia e praticidade que nos cerca, um aspecto ainda nos é crucial: o contato humano. Todo o conjunto de diálogo, postura, língua falada, voz e discurso compõem a expressão e são parte constituinte do que se entende por linguagem humana. Afinal, ela não se restringe a apenas palavras e ao que se está sendo necessariamente dito.

A comunicação não verbal também é uma parte importante da interação. Ela é expressa por meio de figuras, gestos, placas, cores e tudo o que confere a simbologia textual, isto é, a representação sensorial de uma ideia que guarda vínculo com um significado entendido entre os membros daquela sociedade ou cultura.

Para o pesquisador americano Ray Birdwhitell, 55% da mensagem é transmitida por meio da linguagem corporal em um estudo sobre a estimativa da proporção verbal e não verbal do comportamento humano. Ele ainda conclui que a voz é responsável por 38%, enquanto as palavras apenas 7%. É comum que ao receber uma mensagem de texto ou um e-mail, dependendo do humor e das condições nas quais o destinatário se encontre, ele será lido com um tom de voz que nem sempre condiz com a real intenção do remetente, criando-se situações que poderiam ser evitadas caso os dois estivessem no mesmo ambiente, interagindo sem a necessidade de dispositivos e aparelhos eletrônicos.

É ela quem dá mais credibilidade à mensagem. Não à toa, mesmo com o distanciamento social adotado para o controle do coronavírus e a implementação do *home office* pela maioria das empresas e organizações, alguns líderes pedem que seus colaboradores liguem as câmeras para dar mais força à interação na reunião ou debate. Mesmo assim, a falta de um encontro cara a cara prejudica em parte o nível de conexão entre os indivíduos. É como estar lá, mas ao mesmo tempo, não estar.

Muito se discute sobre as novas tecnologias por comando de voz e o uso cada vez maior da Inteligência Artificial e se elas substituiriam a comunicação humana. Alguns cientistas e pesquisadores já criaram máquinas e computadores que, por meio de um certo tipo de mimetismo,[5] tentavam se passar por seres humanos. Diversos experimentos foram feitos nesse sentido. Talvez o mais conhecido foi o conduzido pelo matemático britânico Alan Turing, que a partir da criação da máquina Colossus,[6] se dedicou a mostrar como um aparelho poderia imitar a mente humana, realizando contribuições que até hoje são cruciais para os estudos dessas tecnologias.

Em 1950, Turing escreveu *Computing Machinery and Intelligence* que propunha um "jogo da imitação", conhecido posteriormente como Teste de Turing, para experienciar e avaliar a inteligência das máquinas. O teste era simples e para ele bastava ter a presença de duas pessoas e uma máquina: uma delas e a máquina seriam interrogadas pela outra pessoa (o interrogador), sem que ela soubesse quem é o humano e quem é a máquina. O interrogador, sem qualquer tipo de contato visual, tentaria descobrir quem é quem por meio de perguntas por texto. A máquina conseguiria passar no teste caso o interrogador falhasse em distinguir com certeza a identidade de cada interrogado.

Após esse marco, muitos outros estudos foram feitos para determinar a probabilidade de um computador enganar um ser humano ou mimetizar com tanta precisão seu comportamento que seria impossível distinguir quem é quem. Essa questão do mimetismo pode ser aplicada também em outros contextos como a prática das *deepfakes*,[7] pessoas que tentam se passar por outras dentro dos meios digitais, crescimento no número de *bots*,[8] especialmente em épocas de eleições e mais. Existem, hoje em dia, sites e ferramentas que disponibilizam fotos e textos direcionados ao impacto de determinados perfis, grupos e faixas etárias com adereços gráficos, emoticons específicos e o que mais for necessário para interferir na capacidade de discernimento e análise das pessoas.

Empresas internacionais e gigantes brasileiras estão se aproveitando desse caráter tecnológico e implementando estratégias de marketing e de vendas com a adoção de mascotes da marca em 3D que mimetizam o comportamento humano de influenciadores digitais reais como o caso da Lu do Magazine Luiza, da Nat da Natura e, mais recentemente, o Baianinho, agora com a alcunha de CB, mascote da Casas Bahia (ROCHA, 2020).

O investimento na Lu pela Magazine Luiza, por exemplo, levou a empresa a ser a primeira varejista do mundo a ter mais de 1 milhão de seguidores no YouTube, de acordo com a matéria publicada no InfoMoney (SUTTO, 2019). Essa tendência ajuda as marcas a diminuírem a distância com o público-alvo e a falarem a mesma língua que eles, apropriando-se de um meio totalmente acessado por clientes e potenciais clientes: as redes sociais.

Para Pedro Alvim, gerente de marketing do Magazine Luiza, o uso dessa estratégia atrelado ao marketing feito com o *storytelling* é o diferencial. "Contar uma boa história envolve e engaja muito mais. A Lu tem sempre uma história que gera empatia nas pessoas. No geral, tende-se a se lembrar mais de uma história do que apenas uma propaganda factual e a Lu se desenvolve a partir dessa ideia", disse Alvim em entrevista para a InfoMoney (SUTTO, 2020).

Assim, por meio da vulnerabilidade, empatia e de uma postura mais "humana", as marcas conseguem ter uma maior penetração no dia a dia dos consumidores e influenciá-los mais, tal como ocorre com a Máquina de Hype, de Sinan Aral. Mas o que se percebe é que mesmo que uma máquina possa reproduzir um diálogo da mesma forma que uma pessoa o construiria, quem confere sentido e significado são os usuários e especialistas por trás dela.

A revista MIT Technology Review abordou essa questão com o exemplo do novo modelo de linguagem desenvolvido pela empresa americana OpenIA, o GPT-3. O programa cria textos artificiais sem qualquer influência externa. Mas, ao contrário do que se esperava, o gerador de linguagem da OpenIA ainda tem muito o que aprender sobre a realidade para poder escrever peças que realmente dialoguem com o mundo.

Geradores de linguagem não são nenhuma novidade e apresentam o mesmo ponto fraco quanto a questão de conhecimento reunido por redes neurais que permanece extremamente pontual e irregular, não podendo, assim, ser confiado. Seu entendimento casual é instável e a incoerência parece fazer parte desses sistemas que muitas vezes não consideram o contexto social.

O problema do GPT-3 e de outros sistemas similares é que lhes falta a semântica, ou seja, apesar de as palavras estarem todas perfeitas, o sentido permanece vago e não há nada que o relacione com o mundo real. Esses tipos de inovações aprendem sobre texto e como as pessoas usam palavras em relação a outras como se fosse um ato massivo de recortar e colar, costurando variações no texto inseridos no sistema, ao invés de se aprofundarem nos conceitos que fundamentam esses documentos.

Desse modo, o papel do homem ainda se faz necessário para conferir esse sentido por trás das produções das tecnologias. Mais do que isso, é o indivíduo dentro da sociedade que interpreta e confere significado àquela mensagem ou texto criados. Afinal, a linguagem por si só é opaca e heterogênea. Se você pedir que quinze pessoas interpretem um texto, terá quinze tipos de interpretações distintas entre si. Não há garantias de que a mensagem seja entendida exatamente do jeito que você quis.

Percebe-se isso diariamente nos diversos portais de notícias ou em perfis do Twitter, grupos do Facebook, comentários do Instagram. Basta uma postagem para surgir um mar de diferentes interpretações sobre o sentido e a intenção dela. Portanto, não há garantias frente ao esclarecimento do interlocutor. Atrelado a isso, há também a lacuna causada pela ausência da linguagem corporal previamente citada, o que pode aumentar ainda mais a probabilidade de um mal-entendido.

Um emoji ou emoticon pode muito bem exprimir uma emoção, mas é algo limitado, não tem nuance. E simplificar a comunicação humana, algo tão complexo, acaba tirando a estética da linguagem, do tempo de falar, do decodificar dos significados implícitos.

1.1.2 A INFLUÊNCIA DAS REDES SOCIAIS NO COMPORTAMENTO HUMANO

O mimetismo não só influencia a comunicação. Especialmente quando se pensa nas redes sociais, o poder de propagação de uma ação, comportamento ou notícia ganha níveis nunca imaginados pelo homem no passado, ao passo que as informações novas e acontecimentos eram divulgados por meio da *Acta Diurna Populi Romani* (Relatos diários ao povo de Roma),[9] de cartas ou oralmente.

Conforme se pensa no comportamento humano, é inegável que essa transformação dos meios de consumo de informação tenha influenciado o jeito com o qual as pessoas são afetadas por se relacionam entre si. Para exemplificar, existe um fenômeno associado ao contágio de comportamento onde uma tendência surge e logo é disseminada dentre milhares de usuários, que passam a imitar uns aos outros para pertencerem a um grupo ou fazerem parte daquela experiência em particular.

No entanto, essas mudanças — muitas vezes bruscas — de atividades e interesses ocorrem de formas automáticas e pouco refletidas, sendo substituídas rapidamente por algo novo e mais interessante. Em 2014, em um estudo chamado *Evidência experimental de contágio emocional em grande escala através das redes sociais* (KRAMERA; GUILLORY; HANCOCKB, 2014), foram avaliados quase 700 mil perfis de usuários do Facebook para analisar reações e padrões de comportamento por meio das postagens exibidas no feed.[10] Nesse teste, o algoritmo do Facebook foi manipulado para que um grupo recebesse apenas notícias positivas em seus feeds, enquanto o outro grupo só receberia notícias negativas.

As reações e os comentários às postagens se mostraram alinhados à emoção "sugerida" pelo algoritmo, o que confirmava o contágio emocional por meio das interações digitais nas redes. Outro estudo ligado a essa temática publicado em 2017, *As emoções moldam a difusão de conteúdo moralizado nas redes sociais* (HANCOCK, 2019), mostra que as pessoas sentem-se mais impulsionadas a compartilhar notícias e *tweets* que apelem às emoções, como as palavras que se referem a sentimentos ("medo", "amor", "choro") e à moral ("crime", "piedade", "direito") nas hashtags, que captam mais a atenção do que as neutras. Os pesquisadores usaram o Twitter para o experimento e concluíram que a utilização dessas expressões poderia elevar significativamente o poder de redistribuição e a replicação das mensagens pelos usuários e, assim, o seu alcance na plataforma.

Os investigadores deram a esse efeito o nome de "contágio moral", relacionando os resultados obtidos a outras formas de contágio emocional e social já analisadas em outras pesquisas. Para eles, quando se trata da captação da atenção dos usuários, os termos que apelam ao que as pessoas acreditam ser bom ou ruim são tão efetivos que podem ajudar a explicar a nova realidade política, por exemplo.

Em 2013, Jonah Berger, professor da Universidade da Pensilvânia, afirmou em seu livro *Contagioso* que as emoções de espanto — positivas ou negativas — são as que mais influenciam e impulsionam o compartilhamento de conteúdos nas redes sociais. Junto ao poder de propagação dessas mídias, esse material consegue atingir um nível muito maior de usuários e assim começa a alterar o comportamento deles em prol de uma determinada ação ou atividade.

Esse aspecto pode ser tanto benéfico, por exemplo reforçar a adesão de inúmeras pessoas de diversas partes do mundo a uma causa como o movimento Black Lives Matter (BLM),[11] quanto trazer seus riscos, como tornar menos significativa essa participação, já que os indivíduos se sentem satisfeitos por apenas compartilhar ou retuitar determinada notícia ou assunto, sem necessariamente tomarem uma iniciativa em relação a ela.

Além disso, as opiniões expressas nessas plataformas tendem a se polarizar demasiadamente. No Facebook, Instagram, Twitter e muitas outras existe o "filtro bolha" — termo cunhado por Eli Pariser em seu livro *O Filtro Invisível: O que a internet está escondendo de você* —, no qual explica que os complexos algoritmos dessas redes sociais filtram a informação que chega ao internauta de tal modo que ele se encontra cercado apenas por ideias que lhe sejam afins, não sendo exposto a pontos de vistas diferentes e tornando-o propenso a rejeitar argumentos contrários e enriquecedores.

Assim, as pessoas se agrupam cada vez mais em câmaras de eco[12] onde só falam com seus iguais e procuram informações apenas conforme suas opiniões e crenças, ignorando o resto. Veja o caso das eleições e da influência das redes sociais na propagação das *fake news*. Mesmo que a grande maioria das pessoas ainda não receba notícias por meio desses algoritmos, é inegável a sua relevância no processo de peneirar esse enorme volume de informações que podem ou não chegar ao leitor e que determinam a maneira que ele comparecerá.

Ao falar somente com um público que concorda inteiramente com o que se pensa, as conversas profundas que poderiam cruzar barreiras ideológicas são extremamente escassas, e até mesmo ridicularizadas pelos outros membros do grupo. As pessoas, então, acabam se dividindo em dois polos: os "estúpidos", aqueles que pensam diferente, e os "corretos", aqueles que pensam igual. Essa mecânica facilita a manipulação e torna os usuários mais suscetíveis a agirem de determinada forma, de acordo com os interesses do grupo, político ou empresa responsável pela divulgação daquela notícia.

Da mesma forma que um simples *smiley face* pode conferir inúmeros significados, o mesmo ocorre com as reações oriundas de um simples *like* no Facebook ou no Instagram, a título de exemplo. Um coração, um polegar para cima ou um comentário podem significar desde um mero "oi" a um "gosto de você" ou "você está certo" para os usuários, enquanto para os algoritmos dessas plataformas, a tradução é clara: é este o tipo de coisa que me interessa ou não me interessa.

Isso cria nos usuários e nas marcas uma obsessão por métricas e números de seguidores. São essas estatísticas que conduzem as pessoas a tomarem atitudes impulsivas, a se tornarem ansiosas, compulsivas e competitivas, buscando o que se entende como "sucesso social" ou apenas a pertencerem a algum grupo e obter uma identidade.

Na série americana *Black Mirror,* o primeiro episódio da terceira temporada, conhecido como *Nosedive* (2018), em tradução livre "Queda Livre", retrata a vida da personagem Lacie Pound, uma mulher que vive em um mundo onde o peso social das pessoas era medido por um sistema de pontos e popularidade semelhante aos sistemas de pontuação presentes atualmente nos aplicativos como o iFood e a Uber. Pound, obcecada por ser bem recebida e aumentar sua posição social, começa o episódio com um índice de aprovação de 4.2 e deseja aumentá-lo a fim de obter outras regalias. Ao ser convidada para ser dama de honra no casamento de uma colega de trabalho cuja pontuação alcançava 4.8, Pound enxerga a oportunidade perfeita para ascender socialmente e, assim, aumentar seu número na contagem do sistema.

No decorrer do episódio, uma série de situações ruins acontecem e Pound termina presa e sem o seu dispositivo de classificação, ficando livre para ser o que ela quiser e dizer o que realmente quisesse. Apesar de ser uma série de ficção, *Black Mirror* retrata diversas problemáticas decorrentes do uso constante da tecnologia e seus efeitos sobre as pessoas. Nesse episódio, por exemplo, a temática gira em torno do uso das redes sociais para obter aprovação externa e o valor que as pessoas têm com base em uma nota de um aplicativo.

A personagem passa a orientar todas as suas decisões diárias visando ganhar notas mais altas no ranking de classificação: come algo que não gosta apenas para postar uma foto mais interessante; cogita ir ao casamento de uma colega que sempre a tratou mal, mas que possui notas altas; afasta-se de outras pessoas somente porque têm pontuações baixas e assim por diante. O mesmo ocorre nas redes sociais atuais como o Instagram, TikTok, Facebook, Twitter etc.

A partir do momento em que se posta um conteúdo, ele estará sujeito à aprovação e julgamentos. Esse mecanismo acaba por também criar um ambiente de exclusão e discriminação para aqueles que não agem conforme o restante do grupo ou com as regras sociais daquela plataforma.

Em tempos atuais, vê-se dois movimentos muito específicos decorrentes dessa superexposição de informações e notícias, além dos efeitos nocivos que essa corrida por *likes* e pertencimento acarretam, sendo, de certa forma, quase paradoxais: o FoMO e o JoMO.

O FoMO (*Fear of Missing Out)*, traduzido para "medo de estar perdendo algo" ou "medo de estar por fora de algo", foi descrito pela primeira vez em 2000 por Dan Herman, CEO da Competitive Advantages e autoridade reconhecida mundialmente em comportamento do consumidor, estratégia competitiva, inovação, marketing e branding. Segundo o especialista, o FoMO é o medo que as pessoas sentem diante de uma situação que envolve muitas escolhas e possibilidades, onde escolher, significa necessariamente fazer uma renúncia e perder tudo o que as outras opções poderiam lhe oferecer. Também está relacionado a ansiedade provocada pela necessidade de estar o tempo todo conectado, sem perder nada por um segundo que seja. É um dos principais indicativos de que alguém está viciado em redes sociais, o que pode levar ao indivíduo a sentir angústia, mau humor e depressão.

O FoMO se manifesta, por exemplo, quando ao entrar no catálogo da Netflix, os usuários muitas vezes passam mais tempo tentando escolher algo novo para assistir dentre as opções do que efetivamente assistindo a um filme ou série. O mesmo ocorre ao navegar pelo feed do Instagram ou Facebook, ou até mesmo pelo YouTube. Isso acaba sendo uma estratégia muito adotada pelas grandes plataformas de redes sociais, onde o intuito é manter o número máximo de pessoas presas à tela, e quem conseguir fazer isso por mais tempo, ganha a atenção das marcas.

Assim, diante de inúmeras alternativas, os usuários se veem frustrados por não realizarem uma simples escolha e acabam fechando o aplicativo para fazer outra coisa, mas acompanhados dessa esquisita sensação de que estão ficando por fora de algo. Em tempos de pandemia, isso se intensificou ainda mais, já que com o isolamento social e as medidas de distanciamento, as pessoas tiveram à sua disposição mais tempo em casa e, consequentemente, mais alternativas de entretenimento; porém, em movimento contrário, há também uma maior exaustão à exposição às telas.

O que acarreta o JoMO, sigla para *Joy of Missing Out*, e que vai na direção oposta do FoMO, relaciona-se a um sentimento de "alegria por estar por fora", de não estar vivendo algo que, supostamente, deveria estar sendo experienciado, de estar desconectado do mundo virtual. Em um artigo da revista The Atlantic é mostrado que o uso exagerado da internet e das redes sociais pode estar associado a um aumento exponencial da ansiedade e da depressão (TWENGE, 2017).

Nesse sentido e especialmente no fim de 2020, o JoMO foi uma tendência muito proeminente dos usuários. Esse "detox das redes sociais" se tornou a resposta encontrada por algumas pessoas, após meses isoladas dentro de suas casas e compartilhando cada vez mais suas vidas, junto a uma exposição progressista de notícias negativas ao redor do mundo, como forma de compensação.

A partir disso, a pessoa escolhe o que quer consumir, além de encontrar prazer em pequenas ações e momentos do dia a dia, sem precisar, necessariamente, transmitir aquilo por uma *live* ou criar um conteúdo para o Instagram. No JoMO, as pessoas têm a oportunidade de descobrirem o que é realmente importante para elas mesmas e se autopoliciam para não caírem nas garras dos efeitos negativos do ambiente on-line.

Na época atual, esses dois fenômenos podem resumir praticamente algumas das atitudes vistas nas redes sociais todos os dias. Em 2019, a marca de cosméticos orgânicos Lush decidiu abandonar de vez as mídias sociais, alinhando-se ao aspecto do JoMO de valorizar mais as relações fora do mundo digital. Em seu pronunciamento, a Lush declarou: "As mídias sociais estão tornando cada vez mais difícil que conversemos diretamente uns com os outros. Estamos cansados de lutar contra algoritmos e não queremos pagar para aparecer no seu feed de notícias. Por isso, decidimos que é hora de nos despedirmos de alguns de nossos canais sociais e abrir a conversa entre você e nós. (...) Queremos que o social seja mais sobre paixões e menos sobre likes".

Ao invés de pagar por anúncios, a marca decidiu apostar em influenciadores digitais, que no ano de 2018 movimentaram cerca de US$ 4 bilhões globalmente. Afinal de contas, receber indicações de pessoas que comentam, de forma natural, suas experiências pessoais com determinados produtos e serviços acaba sendo mais efetivo do que ver um anúncio no meio do feed.

A Lush, portanto, aposta com força total no contágio do comportamento, onde por meio dos influenciadores e da empatia que essas figuras causam, as pessoas são impactadas e procuram saber sobre a loja e os produtos, indicando-os para outras pessoas, e assim sucessivamente. Aqui, percebe-se o poder da interferência social em ação e seu efeito no comportamento dos usuários no meio digital.

1.1.3 O IMPACTO DOS ALGORITMOS NO COMPORTAMENTO E DESEJO HUMANO

Além de conseguir exercer grande influência social, as redes sociais também podem tanto fortalecer relacionamentos preexistentes e permitir que novas conexões sejam estabelecidas quanto fazer com que se crie um sentimento de solidão nos usuários. Em uma pesquisa feita pela Fundación Telefónica chamada *Sociedad Digital en España de 2018*, as pessoas passam cada vez mais tempo interagindo com a mídia social e chegam até mesmo a se comunicarem mais com a família e amigos por mensagens instantâneas do que cara a cara.

Os aplicativos de mensagens como o WhatsApp, Facebook Messenger, Telegram, Line e tantos outros permitem que os indivíduos possam se conectar uns aos outros a qualquer momento e em qualquer lugar. Porém, apesar de mais simples, as mensagens (como debatido no tópico “Presencial ou virtual?”) tiram as nuances de tom de voz e expressão facial tão características de um encontro pessoal e tão fundamentais para um intercâmbio social adequado.

Com a pandemia da covid-19, essa tendência se agravou e as pessoas passaram a contar de forma quase integral com a tecnologia para poderem se comunicar e viver experiências como viagens, aulas, encontros etc, tudo isso de acordo com os seus interesses.

Pense em um primeiro encontro. As pessoas costumavam se conhecer por intermédio de um amigo em comum ou totalmente por acaso em ambientes sociais como trabalho, festas, bares etc, e dali começavam a conversar para depois partirem para um encontro, onde poderiam ter interações mais íntimas e sem interferências externas. Com a chegada da internet em 1988 e, posteriormente, a criação de salas de bate-papo — o mais conhecido sendo do UOL em 1996 —, esse conceito mudou.

Essas primeiras saídas passaram a ser marcadas de modo virtual, assim, utilizam-se cada vez mais aplicativos de namoro e sites de encontro como Par Perfeito, Tinder, Happn, Ok Cupid e tantos outros. O sistema varia de serviço para serviço, mas a proposta é a mesma: ajudar você a encontrar uma pessoa com quem conversar e sair segundo os seus gostos e preferências pessoais. Por meio da inserção de alguns dados, o algoritmo da plataforma elenca uma variedade de possíveis conexões que vão ao encontro dos seus "quereres" de forma anônima. Com isso, quando dois usuários estão mutuamente interessados um pelo outro, eles são informados e podem iniciar um contato e decidirem se querem ou não sair.

Sendo assim, o papel social do encontro no bar, no restaurante, no cinema ou onde quer que seja é alterado e tem como mediador um aplicativo e um aparelho de telefone. Claro que com a pandemia e as medidas de isolamento social esse tipo de interação teve que ser drasticamente alterado e reinventado. Não à toa, a Match — a empresa por trás dos gigantes de namoro online como Tinder e OkCupid — viu suas ações caírem 25% e precisou adequar suas diretrizes para esse novo momento. Em comunicado à imprensa, a empresa declarou que "nós entendemos que nossos membros costumam conhecer pessoas novas pessoalmente, e dado o cenário atual, gostaríamos de lembrá-los das precauções que devem tomar", citando as medidas da Organização Mundial de Saúde (OMS).

Como alternativa para substituir os encontros presenciais, muitos negócios reinventaram o conceito de *speed date*, ou como é conhecido aqui, encontro às cegas. Muitos aplicativos e sites de relacionamento passaram a aprimorar seus recursos de vídeo e voz, o que permite aos usuários conversarem sem violar as especificações de isolamento social. O aplicativo Coffee Meets Bagel, por exemplo, hospeda encontros virtuais com grupos de 10 a 15 membros realizados por meio de chamadas de vídeos moderadas por um representante da empresa. Assim, quando um participante se mostra interessado em outro, pode enviar um e-mail ao representante, que intermedeia a comunicação inicial e os coloca em contato um com o outro.

O coronavírus também ajudou a aumentar a popularidade do que se conhece por tecnologia sexual. Embora os confinamentos resultantes ainda sejam, de certa forma, novos demais para permitirem uma análise real, Justin Lehmiller, pesquisador do Kinsey Institute em uma matéria para a MIT Technology Review americana, diz que está claro que os tempos de quarentena estão mudando o comportamento humano, principalmente no que diz respeito a relacionamentos e sexo.

Nota-se uma procura maior por clubes de striptease de realidade virtual, mais participações em festas sexuais por meio do Zoom e pesquisas no PornHub mais específicas, como vídeos caseiros que fetichizam o coronavírus. Para Lehmiller, ainda haverá um aumento na procura de brinquedos sexuais com controle remoto onde as pessoas podem se envolver sexualmente à distância com um parceiro por meio da tecnologia.

Por outro lado, essa tendência também pode ter suas consequências negativas. Em outro artigo publicado em julho na MIT Technology Review americana, Nadia Brashier, pós-doutorada no departamento de psicologia da Universidade de Harvard, analisou os possíveis motivos que levam aos adultos mais velhos a compartilharem mais *fake news* e links duvidosos do que as outras faixas etárias. Na análise científica, publicada na revista Current Directions Psychological Science, Brashier aponta que uma delas envolve o sentimento de solidão — os usuários mais velhos têm mais propensão a compartilhar informações erradas em uma tentativa de fazerem conexões com outras pessoas.

Apesar disso, Brashier ressalta que não existem evidências atualmente que comprovem que pessoas solitárias compartilhem mais histórias falsas e tampouco os adultos mais velhos são a faixa etária mais solitária. Assim, a pesquisadora segue outros fatores para explicar essa tendência, como o relacionamento interpessoal e a alfabetização digital.

Em pesquisa feita pela SimpleTexting com mil pessoas questionadas sobre o que elas sacrificariam para manter seus *smartphones*, cerca de 56% dos entrevistados que faziam parte da geração Z prefeririam renunciar relações sexuais por um mês do que se verem afastados de seus celulares (TOCCI, 2020). Já entre os millennials, 44% se separaria de seus familiares por um mês, mas não dos aparelhos. Em relação ao sexo, a média foi parecida, por volta de 47% optaram por abdicar disso ao invés do celular.

O estudo demonstra, portanto, o grau de dependência e necessidade de interação com o celular percebida em grande parte da sociedade moderna. Isso abre uma série de possibilidades para as empresas e marcas dentro das redes sociais poderem se beneficiar muitíssimo desse vínculo do usuário com o aparelho eletrônico.

Esse é, talvez, o desafio-chave das marcas e dos influenciadores digitais que precisam estar atentos às mudanças de comportamento dos usuários, assim como ao funcionamento dos algoritmos para que possam exercer seu trabalho. O problema é que o cálculo se modifica a cada instante.

Os seres humanos dão forma aos algoritmos e são, concomitantemente, "formados" por eles (LATOUR, 2012). Assim, ao entender esses dados e números, você passa a compreender também como os usuários pensam e pode se adaptar às suas preferências. É o que se percebe na maioria dos aplicativos de namoro, por exemplo. Segundo os seus "matches", o algoritmo refina o catálogo de possíveis usuários que combinem com você, logo a probabilidade de acerto é maior.

O mesmo acontece no Facebook, Instagram e em praticamente todas as redes sociais usadas atualmente. Esse levantamento é feito por uma série de experimentos e análises preditivas e comportamentais. Após isso, as equações e cálculos são feitas e o conteúdo/resultado chega até o feed do celular ou do computador do usuário com extrema precisão e conforme os gostos particulares de cada um.

Quando uma pessoa abre o feed de notícias, os algoritmos reconhecem que tipo de conteúdo é mais relevante para aquela pessoa e ele aparece primeiro para ela. Na realidade, a própria palavra "feed" já dá a indicação de sua real intenção. Do inglês, a palavra significa "alimentar", e o que se vê é exatamente isso. O usuário é "alimentado" com todas as atualizações de conteúdos que supostamente mais o agradam e vão de encontro aos seus interesses.

As métricas mais importantes, que refletem no desempenho dos algoritmos e, consequentemente, na entrega do conteúdo das redes sociais são as interações e o engajamento dos usuários nessas plataformas. Absolutamente tudo o que as pessoas fazem nessas redes sociais é monitorado e computado, para que as empresas por trás delas saibam exatamente o que lhes oferecer. Tal como no Tinder, isso pode não acontecer tanto na indicação de usuários que você possa vir a se interessar, mas influencia nos anúncios que serão expostos no seu feed pessoal.

Por isso também que a ação das marcas, empresas e influenciadores dentro desse meio digital está sujeita ao comportamento do algoritmo. É ele quem dá uma certa direção para a informação e serve de dica para que os interessados possam avaliar o que está em alta ou não. Outro exemplo de desempenho é a interação entre as páginas no feed do usuário que são sugeridas de acordo com as pessoas e os conteúdos que ele mais interage. Assim, quanto mais interação, mais daquela temática aparecerá para você.

Quando uma pessoa nova é seguida ou quando uma página sobre algum assunto específico é adicionada, a lógica é a mesma. O algoritmo começa a realizar experimentos com aquela nova conta para saber o nível de afinidade existente entre as duas pontas. É por isso que de repente tantas páginas sobre a mesma temática são recomendadas e você passa a ver mais postagens no topo do feed com mais frequência até que o algoritmo tenha coletado dados o suficiente.

O Facebook anunciou em 2018 que as *fanpages* teriam menos relevância que os *posts* com amigos e familiares. Isso significa que os algoritmos da rede passaram a dar mais importância e destaque para o conteúdo compartilhado por essas pessoas do que por postagens de empresas e marcas. Estas passaram a investir mais em publicidade e em maneiras de atrair a atenção do usuário, o que foi uma grande mudança. Tal alteração foi decorrente de estudos que demonstraram que as pessoas tendem a interagir mais em posts de amigos do que em *fanpages* ou com conhecidos e colegas.

Uma mudança mais antiga, mas que também causou grande impacto foi no Instagram, que em 2016 alterou as regras de organização do feed e os posts passaram a ser priorizados conforme a interação nos perfis (RIBEIRO, 2018). Em pouco tempo, isso também mudou e os usuários agora precisam ter uma presença mais regular nas redes e gerar mais engajamento para fidelizar o público e os algoritmos entenderem que a marca ou a empresa é relevante para aquele usuário.

Entender como o algoritmo funciona pode trazer muitos benefícios, e também causar muitos problemas, já que é possível eles serem totalmente tendenciosos em situações de extrema importância para a massa, como a política. O caso mais recente foi nas eleições dos Estados Unidos em 2016, em que informações foram coletadas pelos algoritmos para serem usadas no direcionamento de matérias tendenciosas a favor do candidato Donald Trump aos eleitores. O mesmo pode ser citado no caso das eleições presidenciais brasileiras em 2018 com o uso massivo de *bots* para divulgação de *fake news*.

Aqui, mais uma vez, vale ressaltar a formação de bolhas sociais, outra dinâmica criada pelo funcionamento dessa tecnologia cujo centro de composição é a atividade do ser humano com a internet. A bolha algorítmica exerce grande influência não só nos desejos, como também nos interesses das pessoas e em suas relações e, portanto, passa a atuar como uma espécie de decodificação do meio cultural e social (ARRUDA, 2016).

Para se ter sucesso dentro desse âmbito é preciso, portanto, entender como atuam os integrantes de determinada bolha. Imagine um contexto de negociação, por exemplo. Você quer vender algum produto para uma empresa ou apresentar a sua ideia para um grupo de investidores. Espera-se que as suas intenções estejam de certa forma alinhadas com as daquele grupo para, assim, vocês se comunicarem melhor.

O algoritmo nada mais faz do que ajudar as empresas e marcas a alinharem a vasta gama de serviços e produtos que possuem com os interesses dos usuários para conseguirem gerar mais vendas e captar mais clientes. No entanto, essa ação dentro das plataformas induz também no bem-estar das pessoas, uma vez que impacta no comportamento e nas relações sociais que, em contrapartida, são um pilar importante da felicidade.

Na mesma medida que a comunicação através de plataformas digitais abre espaço para a expressão e a construção de comunidades afins, ela também pode impactar negativamente a felicidade das pessoas que não têm uma rede de apoio. Como no Instagram, onde parece haver uma atitude mais positivista, que faz com que as pessoas compartilhem mais aspectos otimistas do que pessimistas, dando a impressão de que elas têm uma vida melhor e são mais felizes. Tudo isso pode gerar altos níveis de ansiedade nos usuários, que começam a desenvolver FoMO ou a recorrer ao JoMO[13] para poderem se livrar dos efeitos do uso exacerbado das redes.

1.1.4 MONITORAMENTO DAS INTERAÇÕES PREJUDICA A PRODUTIVIDADE?

Em 2020, milhões de pessoas em todo o mundo foram obrigadas a parar de ir aos escritórios e começaram a trabalhar de casa por conta da pandemia do coronavírus. Aquele contato diário, as interações sociais entre os funcionários da empresa — seja em um almoço de negócios ou em um cafezinho para esvaziar a cabeça no final da tarde — deixaram de ocorrer, dando espaço a uma rotina de *home office* na qual essas relações só poderiam acontecer por intermédio de um smartphone ou computador.

Mas mesmo longe da vista dos gerentes, os funcionários continuaram sob o olhar atento deles. À vista disso, muitas empresas e líderes passaram a adotar meios de garantir a produtividade e eficiência de seus colaboradores, inclusive à distância.

De acordo com dados da Microsoft de 2021, muitas equipes passam 80-90% da semana participando de reuniões, enviando e-mails e conversando ao telefone. Porém, 50% do tempo de reunião é improdutivo e quase metade dos funcionários informa que seu trabalho interfere na vida familiar.

O MyAnalytics, disponível para os usuários do Microsoft 365, fornece informações sobre dois dos principais fatores no que diz respeito à produtividade pessoal: como as pessoas gastam seu tempo e com o que gastam. Assim, ele fornece *insights q*ue podem ajudar os funcionários a entender como exatamente utilizar o tempo e dá dicas que podem ajudá-los a trabalhar de maneira mais inteligente. Segundo o site, a ferramenta é totalmente pessoal e privada, o que significa que somente o usuário daquela conta (e não o gerente ou o administrador do sistema) pode ver esses dados.

Outros exemplos que foram mais procurados durante esse período foram o Hubstaff, um software que registra a movimentação das teclas digitadas nos teclados pelos usuários, bem como o movimento do mouse e o site que eles visitam; o TimeDoctor, que grava vídeos das telas dos usuários, além de tirar fotos através da webcam a cada 10 minutos para checar se os funcionários estão em seus computadores; e o Status Today, que monitora as interações entre os funcionários combinando essas informações com dados dos arquivos pessoais para identificar possíveis "agentes de mudança".

Essas empresas viram um aumento gigantesco no número de procura por seus produtos, aumentando as vendas e os negócios delas. Segundo uma matéria da revista MIT Technology Review Brasil de 2020, esse conjunto de informações seria então usado como uma espécie de métrica para uma eventual "pontuação de produtividade". No entanto, esses programas não são novos e as tecnologias de vigilância estão em pauta há muitos anos.

Uma das reflexões trazidas pelo documentário *O dilema das redes* (2020) é no que se refere à nova dimensão das relações sociais e aos processos e condições de trabalho. Shoshana Zuboff, ex-professora de administração de negócios da Harvard Business School, fala sobre o capitalismo de vigilância, uma nova estrutura que se baseia na monetização de dados adquiridos por observação social total, em oposição à vigilância estatal — que controla o indivíduo e a identificação de pessoas específicas.

Conforme a lógica do capitalismo de vigilância, atender às necessidades reais dos indivíduos não é tão lucrativo e, por isso, seria menos importante para o mercado, que focaria na venda de previsões de seus comportamentos e ações. Um modo comum de se fazer isso é com o monitoramento e a criação de mapas de análise com dados coletados nas redes sociais. Em 2013, por exemplo, Edward Snowden, ex-administrador de sistemas da CIA e da Agência de Segurança Nacional americana (em inglês, NSA), tornou público detalhes de vários programas que faziam parte do sistema de vigilância global para monitoramento e vigilância do tráfego na internet de milhares de usuários que não faziam ideia do que estava acontecendo.

Com o passar dos anos, esses programas de vigilância de computadores e redes sociais se tornaram cada vez mais comuns e, atualmente, quase todo tráfego na internet pode ser monitorado. O MyAnalytics, citado anteriormente, criou um relatório no qual informa quanto tempo você passou em uma conversa com um membro da equipe, ou em uma ligação, ou em alguma atividade externa.

A conversa entre os corredores, que serviam para dar um alívio à rotina dos funcionários. ou a pausa do café foi substituída por um espaço virtual que pode censurar e limitar a liberdade de expressão das pessoas, que se sentem vigiadas e controladas por esses softwares e ferramentas. Zuboff cita essa manipulação como uma espécie de panóptico[14] pós-moderno, nos quais as redes sociais, os aplicativos e tudo o que envolveria a internet e a tecnologia serviria como uma forma de garantir a obediência das pessoas a partir dos efeitos de vigilância.

Especialistas acreditam que a vigilância do local de trabalho pode minar a autoconfiança e prejudicar a moral e que, para remediar em partes esse efeito, tais sistemas só devem ser instalados após consultar os funcionários. Cori Crider, uma advogada britânica e cofundadora da firma jurídica sem fins lucrativos Foxglove, disse em entrevista para a MIT Technology Review: "Isso criará um enorme desequilíbrio de poder entre trabalhadores e gerentes" (HEAVEN, 2020).

Crider não está só. Ela encontrou um nicho de mercado bastante específico e de suma importância e trabalha a fim de evitar que o governo e grandes empresas usem indevidamente a tecnologia. Há uma lista enorme de maneiras pelas quais as empresas desse segmento governam nossas vidas sem muita regulamentação (ou conformidade com as leis) e tomam decisões baseadas em seus próprios interesses. Desse modo, estabelecem normas e padrões que afetam bilhões de pessoas nas mais diversas áreas, tendo efeitos que só serão sentidos tarde demais — como sistemas de reconhecimento facial com tendências racistas amplamente usados ou organizações que coletam dados privados sem o consentimento dos usuários.

Essa temática ganhou destaque especial com a sanção da Lei Geral de Proteção de Dados (LGPD), aprovada em agosto de 2018 e com vigência a partir de agosto de 2020, na qual exigiu a adequação de inúmeras empresas a um novo cenário caso não quisessem sofrer consequências legais. Alguns negócios já estavam à frente dessas imposições por estarem em conformidade com o Regulamento Geral sobre Proteção de Dados (GDPR, na sigla em inglês), um conjunto de regras rigoroso sobre privacidade válido para a União Europeia (UE), mas que afeta pessoas no mundo todo, aprovado em 2016.

A intenção dessas duas medidas é proteger os dados pessoais dos cidadãos e assim regulamentar empresas e organizações, independente do porte ou da área de atuação, quanto a como elas coletam, processam, compartilham e resguardam essas informações. Apesar de o GDPR estar mais voltado para o ambiente europeu, se uma loja online no Brasil, por exemplo, ou de qualquer outro país quiser enviar seus produtos para clientes da UE, então ela precisará se adaptar ao GDPR para não desrespeitar a lei e não acarretar futuras multas — que podem ser desde uma simples notificação (no caso de infração leve) até uma multa de € 20 milhões ou de até 4% sobre a receita anual global da companhia, o que for maior. Portanto, para empresas como Google, Microsoft e Facebook, a punição pode custar bilhões de dólares.

Esse é um dos motivos pelos quais várias companhias estão atualizando seus termos e condições e adaptando sistemas inteiros em todos os países, uma vez que muitos dos serviços estão disponíveis globalmente. Assim, redes sociais como o Facebook já permitem que usuários possam apagar ou fazer download de seus dados pessoais na plataforma.

Segundo Maurício Tamer, especialista em direito digital, em entrevista, no ano de 2019, para o programa Sociedade Digital da Jovem Pan, a LGPD chega para mudar o viés das empresas. "Se antes as empresas tinham um modelo de negócio onde absolutamente todos os dados pessoais eram coletados e filtrados dentro de casa para depois você dar um andamento, hoje você tem que ter por norte a privacidade."

Essa acaba se tornando uma das responsabilidades principais das redes, que precisam ser cada vez mais transparentes no que diz respeito ao trato dos dados coletados e necessitam do consentimento e da autorização dos usuários antes de armazenar o que quiserem. No entanto, as tecnologias e os algoritmos utilizados nessas plataformas evoluem mais rápido do que as leis e muitas vezes as discrepâncias entre a agência privada e a supervisão pública são enormes.

Hoje, o panóptico foucaltiano pode ser representado pelos algoritmos e os mais diversos tipos de avanços tecnológicos usados dentro desse meio digital, como a Inteligência Artificial (IA), o *machine learning* e o *deep learning*. O modelo de vigilância adotado por esses sistemas, no entanto, passa a ser fluído, isto é, o indivíduo é controlado por meio de diversos dispositivos focados na coleta de dados produzidos por ele mesmo de forma voluntária ou não (UERJ LABUTA, 2020), e não mais em um espaço físico estático, como o panóptico original indicava.

Além disso, se os governos não assumirem mais poder na governança da tecnologia, o mundo digital não será democrático, e pior, poderá assumir um caráter totalmente autoritário. Na China, por exemplo, a IA utilizada nas câmeras de segurança espalhadas por todo o distrito de Minhang controla restaurantes com medição de temperatura e umidade, além de detectar práticas ruins dos cozinheiros e, por meio do reconhecimento facial, verificar a presença de pessoas não autorizadas na cozinha, alertar quanto à presença de pragas urbanas, garantir a qualidade, controle e produtividade do trabalho e muito mais.

A utilidade dessas ferramentas pode ser extremamente benéfica, mas sem um sistema de legitimidade claro para aqueles que governam — sem freios, contrapesos e mecanismos de supervisão independente — é impossível responsabilizar as empresas de tecnologia e determinar um limite do que é aceitável ou não.

1.1.5 A ENGRENAGEM DAS INTERAÇÕES

Tais dispositivos assumem também outro papel na sociedade — um que especialistas já falavam há algum tempo, mas que durante a pandemia assumiu um caráter muito mais latente ao preencher uma lacuna pós-medidas de isolamento e distanciamento social. Com a adoção crescente do *home office,* aulas on-line, ascensão de *e-commerces* e serviços de delivery, as redes intensificaram o seu caráter social e passaram a auxiliar ainda mais na manutenção dos relacionamentos afetivos e de certas rotinas que tiveram que ser interrompidas.

Elas tentaram dar um certo tom de "normalidade" durante o período de suspensão das atividades presenciais. Assim, aquela conversa no corredor do trabalho ou faculdade, os encontros em bares e restaurantes, cinemas, galerias, reuniões, compras do mercado e absolutamente tudo o mais passou a ser feito por meios digitais como uma forma de evitar a transmissão da covid-19 e resguardar as pessoas de um contato perigoso. O tempo para se investir em um relacionamento e o contexto para se criar um laço afetivo, contudo, já vinham sendo alterados desde o surgimento da internet na década de 1990.

Nesse período, um dos passatempos preferidos dos usuários era entrar nas salas de bate-papo de grandes portais da época para conversarem com estranhos ou amigos sobre os mais diversos temas. Horas eram passadas ali sem que a pessoa pudesse ver ou ouvir a voz com quem estava teclando. Para muitos, foi a solução perfeita para problemas como a timidez e a insegurança.

Os encontros antes realizados nos corredores das academias e faculdades, locais de trabalho e refeitórios, bares e quaisquer outros ambientes sociais passaram a ser feitos também no meio digital. Após o surgimento dessas salas, vieram os softwares de conversas como o mIRC (1995), o ICQ (1996) e o MSN (2001). Diferente das salas de bate-papo, esses programas permitiam que o usuário pudesse gravar áudios e conseguia funcionar com uma webcam, o que conferia uma maior proximidade entre os utilizadores.

Dessa época em diante, o que se vê é uma atualização constante desses programas e redes em busca da atenção do usuário, que migra de aplicativo para aplicativo, software para software, onde quer que ele ache que seus amigos estarão. Esses meios permitem a interação e facilitam o contato com um número bem maior de pessoas, derrubando as barreiras geográficas e auxiliando até mesmo os mais tímidos a conseguirem construir relacionamentos com quem nunca viram antes. Uma pessoa do Brasil pode facilmente falar com uma pessoa da França, por exemplo, e elas não precisam necessariamente ter se conhecido pessoalmente antes. Assim como é mais fácil para uma pessoa marcar um encontro com um desconhecido pelo Zoom e dali decidir se é algo que vai ter um desdobramento para o meio físico ou não.

Aqui, o contexto no qual se desenvolve os processos de identificação do ambiente e das emoções envolvidas por todos são alterados. Não se sabe ao certo quem são as pessoas por trás das telas, quais são suas intenções, o que querem ou esperam. Por mais que aspectos humanos como a percepção, a intuição e a cognição se façam presentes, ainda é difícil definir a realidade no meio virtual.

Na medida em que aproxima pessoas de diferentes países, vivências, idades e por aí vai, as redes sociais também contribuem para um maior distanciamento daqueles que convivem no mesmo espaço ou região. Pense em um casal que janta junto em um restaurante, cada um com um celular na mão. Apesar de juntos, eles não interagem entre si, preferindo conversar com pessoas desconhecidas nas redes ou com colegas, amigos e familiares que não estão presentes ali naquele momento. A troca presencial, tão importante para os seres humanos, se perde, sendo substituída por uma totalmente digital.

No cenário da pandemia, no entanto, é inegável que as redes sociais se fizeram extremamente úteis não só como ferramentas de comunicação, mas facilitando a divulgação de várias iniciativas que visavam ajudar um indivíduo, grupo ou comunidade ou interesses em comum.

Uma *hashtag* que teve grande destaque no início da pandemia foi a #FiqueEmCasa, onde as pessoas propagavam os mais diversos tipos de serviços como aulas, treinamentos físicos, shows, entrevistas, promoções, cursos e campanhas de solidariedade. Por meio desse mecanismo e do compartilhamento de postagens e conteúdos específicos, novas ações e movimentos eram divulgados com mais facilidade e com um alcance infinitamente maior do que se usasse os métodos tradicionais.

Essa é, na verdade, uma das funções principais desse recurso das redes. As *hashtags* funcionam como uma espécie de agrupamento de conteúdos específicos, facilitando a busca sobre o tópico desejado e encontrando mais pessoas que estejam falando sobre o assunto e o que cada uma delas está compartilhando. E isso pode ser desde temas mais delicados, como as *hashtags* específicas para o momento do coronavírus, tal para ações mais banais, como o compartilhamento de uma foto de comida. Com esse mecanismo, o usuário difunde a mensagem e recebe algum feedback, seja positivo ou negativo, dos seus seguidores e de pessoas que não o seguem, mas que por acaso foram impactadas com a foto e o uso da *hashtag*.

Outra ação que cresceu muito como resposta à pandemia foram os memoriais online feitos para que as vítimas da covid-19 não fossem esquecidas, dando um novo significado aos funerais. Seja no Twitter, no Instagram ou no Google Docs, pessoas que perderam parentes queridos e não puderam se reunir ou se despedir adotaram o meio digital como uma forma de processar o luto e a perda. O que antes era feito em uma sala fechada, onde havia ali o momento do acolhimento, com abraços e palavras de apoio uns aos outros, e até mesmo o zelo pelo corpo do falecido, tornaram-se extremamente mortais para os vivos, o que aumentou a procura por outras formas de realizar essas cerimônias.

Esses novos comportamentos mostraram que a distância física não precisa ser uma barreira para a empatia e a vontade de fazer a diferença. E uma maneira de medir isso é mediante as ferramentas de interação, responsáveis por aproximar um público de algum tema específico e, assim, melhorar também questões como engajamento.

Mais característico das redes sociais do que das salas de bate-papo ou os softwares de conversa em si, os instrumentos de interação convidam o leitor a participar de qualquer forma, seja com opiniões, ideias, comentários ou alguma outra contribuição. Através disso, uma das melhores formas de atrair a atenção é recorrendo ao interesse do usuário e às redes, que são extremamente boas em descobrir isso.

Por meio da captação de dados e monitoramento constante das atividades dos usuários, os algoritmos detectam quaisquer interesses que ele possa ter e que podem se relacionar a outros e com os de outras pessoas. Dessa forma, a engrenagem das redes sociais começa a girar e os anúncios e conteúdos que aparecem para as pessoas, assim como as sugestões de amizades e lugares novos para se conhecer, são elencados segundo a relevância naquele momento.

Ao interagir com aquele conteúdo fazendo uso de um comentário, compartilhamento ou apenas dando like na publicação, o usuário dá ao algoritmo uma dica do que ele mais quer ver ou não, tendo cada interação um grau de relevância dentro do funcionamento do sistema.

Logo, como eles funcionam com base nos interesses singulares de cada usuário, existe um algoritmo único. Por isso, cada feed é ímpar e toda sugestão de conteúdo ou produto é melhor alinhado com aquela conta em específico. O que a sua esposa, marido, filhos, amigos e chefes vêem no momento em que entram no feed é personalizado de acordo com o valor que o algoritmo analisou do comportamento deles. No Facebook, por exemplo, a ordem de importância é:

1. Compartilhamento;
2. Comentário;
3. Like;
4. Clique;
5. Visualização.

Assim como os comportamentos humanos estão sempre em evolução, esses algoritmos também precisam se adaptar ao nosso progresso e encontrar melhores formas de estudar os usuários. Por isso, em 2007, o Facebook lançou o botão "like" na plataforma, e posteriormente em 2016 implementou os botões de reações como uma forma de medição do nível de envolvimento do usuário com aquela publicação em particular. Nesse sentido, a plataforma também criou a possibilidade de selecionar quais páginas e perfis os usuários querem ver primeiro e a opção de "preferências" para que o feed de notícias fosse mais personalizado e alinhado com o que os donos das contas queriam ver.

Além disso, os algoritmos também consideram o relacionamento que as pessoas cultivam dentro das redes sociais. É por causa disso que ao abrir o Instagram, LinkedIn, Facebook ou qualquer outro aplicativo, a tendência é que se veja primeiro as postagens dos perfis com os quais você mais interage. O algoritmo entende que elas são prioridade no que diz respeito ao consumo de conteúdo que você realiza e por esse motivo vai se interessar mais por aquela atualização.

O tempo também define se uma interação foi ou não bem-sucedida. Muito embora as redes tenham parado de mostrar os conteúdos em ordem cronológica, publicações mais recentes ou mais antigas batalham por uma posição de destaque no feed dos usuários. O algoritmo é treinado para calcular a taxa de engajamento das publicações junto à velocidade com que aquele material chamou a atenção dos usuários quando foi postado e decide priorizá-lo ou não em relação aos outros.

Outra estratégia utilizada é a adoção de assistentes virtuais como o caso da Nat da Natura ou da Lu da Magazine Luiza. Com o intuito de tornar a experiência de compra mais humanizada e que as pessoas se sintam acolhidas da mesma forma ao comprarem em uma loja física, e visando a aceleração do processo interno de digitalização, essas empresas de serviços trabalham com suas equipes de diversas áreas para definir a identidade visual de cada assistente e como ele irá se comportar.

A Natura, por exemplo, lançou a Nat em 2016 e ela funcionava apenas dentro do Facebook, mostrando opções de presentes para os consumidores comprarem on-line. Atualmente, sete anos após o seu lançamento, Nat desempenha funções muito além de um mero *bot* de assistência, sendo porta-voz da marca e intitulando-se consultora de beleza Natura e influenciadora digital, onde conta com quase 295 mil seguidores no Twitter (dado referente a julho de 2023). O mesmo movimento pode ser visto em diferentes lojas e serviços.

Outro episódio que foi, de certa forma, um pioneiro nessa revolução do uso das assistentes virtuais foi a Lu, da Magazine Luiza. Seu desempenho tem sido tão marcante que a estratégia rendeu à marca uma comunidade com mais de 6,3 milhões de seguidores[15] no Instagram (dado referente a julho de 2023), além de trazer o público mais para perto da empresa. Com a influenciadora Lu, a organização conseguiu humanizar toda uma corporação e ainda falar de forma empática sobre assuntos delicados, como a violência contra a mulher em uma iniciativa da corporação em 2020 para relembrar a existência de um botão no aplicativo do Magazine Luiza, a fim de denunciar casos de violência doméstica.

O que torna a presença da Nat, da Lu e tantos outros *bots* de assistência no mundo on-line tão importantes é que, por conta da característica social dessas plataformas, as pessoas conseguem não apenas acompanhar e descobrir o que as empresas estão fazendo, mas também engajar em troca de depoimentos e conversas sobre determinado assunto. Os usuários têm a possibilidade de interagir com suas marcas favoritas, criar e compartilhar conteúdos e ter a impressão de que estão, sim, se relacionando com uma pessoa real do outro lado da tela.

Assim, o que antes era algo pontual, agora virou uma tendência de mercado em que muitas empresas abraçaram a arte da narrativa emocional para se conectar com seus consumidores, mesmo que elas não tenham exatamente uma persona "física", como Nubank, Netflix, Disney+ e muitas outras, mas que, por meio das redes sociais, utilizam uma linguagem jovial e descomplicada para dialogar diretamente com os consumidores.

Por intermédio de jogos, pesquisas, sorteios e promoções, a atenção do público é retida e as pessoas ficam totalmente envolvidas sobre aquele produto ou serviço, alguns até mesmo se tornando defensores da organização. Quanto mais uma marca encorajar seu público a interagir com suas ações dentro e fora das redes, mais ela poderá crescer. Permitir que as pessoas façam parte da história da empresa lhes dá mais motivos para criar e compartilhar conteúdo, mesmo que isso se restrinja a uma comunicação pontual no digital.

Quanto mais uma marca encorajar seu público a interagir e se envolver com suas ações dentro e fora das redes, mais ela poderá crescer. Permitir que as pessoas façam parte da história da marca lhes dá mais motivos para criar e compartilhar conteúdo, mesmo que isso se restrinja a uma interação pontual no digital.

1.1.6 O ATUAL CONTEXTO DIGITAL PREJUDICA A INTERAÇÃO SOCIAL?

Com a mudança do contexto e do ambiente físico comum ao qual as pessoas estavam acostumadas, as redes sociais passam a assumir o padrão de relacionamento, isto é, o modo com que elas interagem e se relacionam, se adaptam ao caráter digital e vice-versa. Não obstante, cada nova tecnologia cria um ambiente e, consequentemente, requer um comportamento diferenciado dos indivíduos. Por exemplo, ao enviar um e-mail a seu chefe, a tendência é que ele seja escrito de maneira mais formal, mas ao falar com ele no WhatsApp, há uma virada de chave e a linguagem adotada é a mais informal.

O ambiente, por mais que seja digital, é totalmente diferente e por isso é necessário adaptar o tipo de linguagem adotada. O mesmo ocorre com o Instagram, o Facebook, o Twitter e o LinkedIn. Apesar de estarem no mesmo pacote de redes sociais, não se pode ter o mesmo comportamento em todas.

Pense nos encontros feitos via Zoom e nas conversas em aplicativos específicos para isso, ou nas reuniões de trabalho, ou nos *happy hours* virtuais das empresas, nas consultas médicas, dentre outros. Cada um exige do indivíduo níveis diferentes de formalidade e de interpretação de um todo. Além disso, essas soluções permitem que, mesmo distantes entre si — especialmente no contexto da covid-19 —, as pessoas possam ser encontradas em qualquer lugar e em tempo real.

No entanto, apesar de aumentar a sensação de proximidade e disponibilidade, uma consulta com um médico à distância ainda não é a mesma coisa que uma visita presencial, de modo igual que o *happy hour* ou até mesmo conversas em grupo carecem do calor humano, de uma maior interação com todos os usuários. Pode-se estar em uma reunião, por exemplo, mas ao mesmo tempo fazendo compras em outro site, ou estar em uma chamada de vídeo com amigos ao passo que se lê um artigo on-line.

Isso ressalta uma série de problemas, dentre eles uma lacuna perceptiva, afetando a cognição, isto é, a interpretação de uma situação realizada com o reconhecimento da individualidade das pessoas e da análise do ambiente. No meio digital, o conceito de identidade é muito difuso. Não se sabe ao certo com quem se está falando e se a pessoa do outro lado da tela é realmente quem diz ser.

Pense na sua imagem profissional. As redes sociais (principalmente o Facebook e o Instagram) são mais do que uma plataforma de comunicação e interação com amigos e familiares, elas funcionam também como uma espécie de vitrine tanto de produtos quanto de opiniões e posicionamentos. Por isso, é preciso ter cautela para que o que você compartilha não afetar negativamente sua imagem profissional.

Ademais, a percepção do que é bom ou não é bastante relativa. Veja: o serviço presencial de um restaurante onde você é cliente cativo pode ser bom, mas o atendimento delivery pode não atingir os padrões de qualidade ao qual você está acostumado. Nesses novos tempos, os valores são invertidos e donos de negócios e empreendimentos precisam se adaptar rapidamente a esse novo cenário.

Outro aspecto importante para ser observado é a questão da comunicação. Como já visto anteriormente, o processo comunicativo é composto também por aspectos não verbais que formam o quadro integral do que se está sendo dito, ou seja, compõe todo um conjunto de informações necessárias para que as pessoas possam fazer a interpretação considerando todo o contexto. No meio digital, isso já não é possível com a mesma precisão. Não à toa, uma simples mensagem de texto ou e-mail podem ter entendimentos diferentes.

Algumas pessoas, inclusive, só conseguem exprimir seus pensamentos e sentimentos recorrendo a emoticons e figurinhas, que já viraram parte da comunicação na internet. Em um simples ícone está representado todo o sentido que o emissor está tentando transmitir e que podem fazer sentido para amigos da mesma faixa etária ou para pessoas que dividem o mesmo contexto social, mas que fora dali podem assumir um significado totalmente distinto.

Esse ruído na interpretação agravado pelo mundo virtual pode prejudicar tomadas de decisão e consumir mais esforço dos indivíduos, que precisam repensar seus processos cognitivos e encontrar novos mecanismos para realizar uma avaliação de riscos e de cenário. Entretanto, o cérebro humano está sendo constantemente ajustado e atualizado com informações, e em um meio onde existem mudanças contínuas na forma relacional, não poderia ser diferente.

Em uma reunião de negócios, por exemplo, as pessoas envolvidas revisam e atualizam seus interesses acrescentando novas informações apreendidas do que se está sendo dito e interpretado pelos sinais sutis da linguagem corporal do outro. Com isso, é possível realizar a modulação das intenções e do processo de negociação como um todo em prol do objetivo final. Com as reuniões online, no entanto, essa dança é prejudicada. Muitas vezes nessas condições, as pessoas evitam inclusive o uso de câmeras, preferindo se reter apenas ao áudio, o que diminui ainda mais o poder de interpretação de tais nuances da comunicação e aumenta a possibilidade de causar um ruído no que se comunica.

Muito se ganha com as inovações tecnológicas que permitem que a comunicação não seja barrada por fronteiras geográficas e idiomáticas (com o uso de ferramentas de tradução de Inteligência Artificial). Contudo, é preciso que haja uma melhor harmonia entre as diferenças de percepção, de etimologia, de informação e de visão de risco, próprios dos indivíduos em relação aos interesses e individualidades, em prol de resultados ganha-ganha que dependerão da capacidade e da habilidade de comunicação das partes.

A questão de ruídos na interpretação se torna ainda mais proeminente em serviços de atendimento ao cliente, por exemplo. A maioria dos bancos e serviços de SAC costumam fazer uma triagem dos atendimentos com um chatbot ou um agente virtual que dá opções pré-selecionadas dos possíveis problemas que o cliente possa ter. Embora essa já fosse uma tendência desde antes da pandemia, ela acelerou esse processo e as organizações estão mais predispostas a experimentarem essas ferramentas.

De acordo com uma notícia da MIT Technology Review (HAO, 2020), a mais nova geração de chatbots e assistentes de voz, bem como os avanços no processamento de linguagem natural (PLN)[16] e de *machine learning*, melhoraram drasticamente e estão mais fáceis de construir, além de mais rápidos de implantar e mais responsivos às perguntas dos usuários. O PLN analisa as intenções dos usuários e responde com uma solução que considera a mais adequada conforme o roteiro pré-integrado em seus sistemas ou então redireciona aquela chamada em específico para algum agente humano.

O objetivo desses sistemas é otimizar o tempo de resposta e aumentar a velocidade e o número de atendimentos antes que qualquer chamada seja desviada aos trabalhadores humanos. Dessa forma, a carga das centrais de atendimento e os tempos de espera para os usuários é reduzido, como também os custos de contratar mão de obra.

Apesar de uma possibilidade futura em um mundo pós-pandemia graças a esses novos avanços, os algoritmos e sistemas automatizados ainda estão muito longe de entender o contexto completo e todas as nuances presentes em uma conversa, um aspecto da cognição que a IA e a computação ainda não conseguiram solucionar totalmente. Assim, casos mais específicos e problemas mais sensíveis onde a IA não esteja preparada para responder terão que ter o suporte humano para que o atendimento seja resolvido.

O Children's Healthcare de Atlanta (CHOA), nos Estados Unidos, por exemplo, implementou um sistema de *chatbots* da International Business Machines (IBM) para que auxiliasse os pais a avaliarem os sintomas de seus filhos em meio a pandemia da covid-19. Apenas na primeira semana desde o início do seu funcionamento, o aplicativo registrou 1.000 conversas por dia. No entanto, o CHOA não se vê substituindo totalmente as linhas de chamada operadas por mão de obra humana. De acordo com um representante do centro, em ambientes mais críticos, como o pronto-socorro de uma ala pediátrica, onde muitos pais estão nervosos e preocupados com a saúde de seus filhos, eles ainda esperam ser atendidos e recebidos de forma empática por outros seres humanos.

Ainda não se sabe a extensão dos impactos dessas mudanças no trabalho e no meio social, mas elas passarão a coexistir na sociedade, assim como tantas outras, fruto das inovações tecnológicas e que hoje compõe grande parte dos comportamentos humanos, como o simples ato de fotografar a comida no restaurante e postar nas mídias sociais em tempo real ou participar de festas e funerais via Zoom.

1.1.7 FACILIDADE DE CONEXÃO: BENÉFICO OU PREJUDICIAL?

A internet é um ambiente propício para que as pessoas criem suas próprias realidades. No contexto digital, todos os outros elementos atuam de formas bastante distintas de como funcionam no mundo real, influenciados pelo meio. É apenas no mundo virtual, exemplificando, que usuários conseguem fingir serem outras pessoas por tanto tempo com os perfis fakes criados para brincar com um grupo de amigos ou para enganar àqueles que estão desavisados.

Além disso, essa facilidade de conexão possibilitou o crescimento das relações à distância graças ao uso das redes sociais e dos diversos aplicativos de relacionamentos existentes. À primeira vista podem dar a impressão de que é possível dinamizar as relações, fortalecendo os laços nos ambientes on-line e off-line ao influenciar de muitas maneiras a aproximação das pessoas, mas também podem impactar negativamente a vida delas, com questões quanto a confiança, angústia, depressão, entre outras.

Esses ambientes virtuais permitem o compartilhamento de gostos, interesses, opiniões, conversas e criam um espaço propício para que os usuários possam fazer amizades e até mesmo sexo com pessoas conhecidas ou não. Aliás, muitos relacionamentos têm a possibilidade de se expandir também para o mundo real, conforme exposto no tópico "O impacto dos algoritmos no comportamento e desejo humano".

Mas essa mudança no trato das relações vem desde a década de 1990, como pontuado no tópico "A engrenagem das interações". As salas de bate-papo foram as primeiras a revolucionar os relacionamentos dentro do meio digital, possibilitando um espaço onde os usuários pudessem se comunicar usando apelidos (verdadeiros ou não) sem a necessidade da utilização da foto ou de mais informações que pudessem comprovar sua real identidade. Por um lado, esse mecanismo deu àqueles mais tímidos um lugar onde pudessem se abrir e se expor sem a preocupação de serem julgados, mas também abriu portas para diversos tipos de crimes, como extorsão e pedofilia.

Logo em seguida, as pessoas migraram para os softwares de conversas como o ICQ e o MSN. Diferente das salas de bate-papo, esses programas permitiam o uso de fotos, webcam, gravação de áudio e o envio de diversas figurinhas e *gifs* animados.

Paralelamente vieram as redes sociais, sendo a mais emblemática o Orkut, em 2004. Por meio de um convite, os usuários da rede podiam convidar amigos e familiares por meio do e-mail para que eles fizessem parte da comunidade, até que em poucos meses o Orkut se tornou uma das mídias sociais mais populares e importantes do Brasil. Os usuários podiam participar de grupos, mandar recados para parentes distantes e amigos, estreitar o relacionamento com eles e ainda fazer novos contatos.

Desde então, as pessoas passaram a se sentir mais à vontade nos meios digitais para fazer conexões, deixando de ser algo do qual elas pudessem ter algum tipo de vergonha, a fim de se tornarem a nova realidade para muitos relacionamentos. O que antes começou como uma brincadeira e um benefício para os usuários que conseguiam desfrutar de todo o potencial da internet graças ao aumento da acessibilidade, atualmente levanta novas preocupações sobre seu uso abusivo, como a prática do *cyberbullying* que passou a crescer.

O *cyberbullying*, termo usado pela primeira vez pelo pesquisador canadense Bill Belsey, é um ato de violência praticado contra alguém com auxílio da internet e das plataformas dentro dela. O objetivo é agredir, perseguir, ridicularizar e/ou assediar outra pessoa. Um grande desdobramento dele é o uso das *deepfakes*.

Tecnologia de Inteligência Artificial, as *deepfakes*, junto a outros softwares de *deep-learning* conseguem criar vídeos falsos, mas hiper-realistas de pessoas fazendo coisas que elas nunca fizeram na vida real. Os casos mais emblemáticos são seu uso em discursos de políticos, como o atual presidente da Rússia, Vladimir Putin, e o ex-presidente dos Estados Unidos, Barack Obama em 2017. Mas antes disso, a tecnologia era utilizada principalmente para fazer montagens de celebridades em vídeos pornográficos.

Isso não é nenhuma novidade, mas com o aumento de acessibilidade a esses instrumentos, as *deepfakes* demandam dos legisladores uma maior necessidade de políticas, tecnologias e questões legais. Além disso, torna-se mais delicado distinguir o que é real e o que é falso.

Outro ponto importante para ser considerado é a questão do tempo para se investir em um laço ou considerar um total estranho como um velho conhecido. Esse aspecto também pareceu diminuir por conta do caráter das redes sociais atrelado a uma impressão de que aquela outra pessoa do lado oposto da tela é realmente próxima a você, o que pode acarretar consequências terríveis como abuso de vulneráveis e o crescimento do que se conhece como "estupros virtuais", que consiste na chantagem, constrangimento e divulgação de imagens íntimas de vítimas em plataformas digitais.

Para isso, os autores dessas práticas criam vínculos com as vítimas (em sua maioria, garotas adolescentes) para pedir fotos íntimas e, em seguida, passam a coagi-las para realizarem desafios de cunho sexual transmitidos ao vivo pela internet. Outras práticas do tipo também são bastante comuns como os populares golpes de namoro virtual no qual pessoas criam perfis falsos em redes sociais ou em sites de relacionamento e estabelecem contato romântico com mulheres a fim de extorquir dinheiro delas sob diferentes pretextos tais quais problemas financeiros, doenças ou emergências pessoais.

Por outro lado, muitas marcas e celebridades fazem uso desse recurso de proximidade para estreitarem relações com seus clientes e fãs, com o Instagram desempenhando um papel fundamental nisso, ao permitir que pessoas comuns possam seguir figuras públicas indiscriminadamente, dando a elas a oportunidade ideal para comentarem nas fotos, exigirem determinadas posturas, tirarem dúvidas e muito mais, como se fossem realmente íntimas.

Esse tempo é reduzido graças aos algoritmos dentro das plataformas que mapeiam o interesse dos usuários e os interligam a outras pessoas que tenham afinidade de gostos ou que estejam próximas umas das outras. Pense no quanto tempo demora até que você considere um colega de faculdade ou de trabalho um amigo próximo e o quão rápido você chama desconhecidos no LinkedIn ou no Facebook de amigos, muitas vezes tendo a impressão de que os conhece melhor do que as pessoas que vê pessoalmente.

Mas a durabilidade desses relacionamentos só é possível se houver minimamente uma confiança entre as partes. Por mais que ela esteja pautada em algo tão frágil quanto uma imagem on-line, é o que muitas pessoas levam em conta e acreditam, dando peso igual ou maior que a figura off-line. A confiança, portanto, é fundamental para a construção e a sustentação de todas as relações, não importa o seu contexto.

Com a pandemia da covid-19, milhões de pessoas se viram restritas ao uso da internet para se socializarem, sem a possibilidade de se encontrarem presencialmente nem mesmo com seus vizinhos. Como já abordado em tópicos anteriores, aspectos da comunicação não-verbal auxiliam a formação de uma imagem do todo e, com isso, as pessoas conseguem pensar na melhor abordagem para conduzir uma situação específica. Em uma loja de roupas, por exemplo, o vendedor consegue ver quando um cliente está satisfeito com o que está vendo ou quando precisa de alguma ajuda, enquanto no meio online isso não é possível mesmo com os assistentes virtuais e os *chatbots* que deixam sugestões de itens nas caixas de entrada dos e-mails ou por SMS.

Atrelado a esse distanciamento físico e sensorial das pessoas, há também a dificuldade de fazer a distinção entre o real e o fictício graças aos avanços das ferramentas de tecnologia que podem minar o senso de confiança dos internautas. Usando o mesmo exemplo de lojas, vendedores autônomos podem anunciar seus itens para todo o público em plataformas como Mercado Livre, OLX, entre outras e escrever o que quiserem nas descrições. Resta ao usuário crer na palavra do vendedor, podendo tanto se surpreender positiva como negativamente com o produto recebido.

Um caso muito conhecido e que une a questão de confiança com a de distância são os golpes "amorosos". Facilitado pelos meios digitais, a comunicação entre a vítima e o criminoso começa muitas vezes em sites de relacionamento, aplicativos de namoro ou outras redes sociais e pode se estender por muitos meses. Isso se deve ao fato de que os criminosos precisam coletar informações sobre as vítimas e levantar o máximo de dados possíveis para que o golpe dê certo. Posteriormente, vítima e criminoso migram para aplicativos de mensagens instantâneas como o WhatsApp ou o Telegram, já que esses sites de namoro são monitorados e podem avisar ao usuário caso detectem algum comportamento suspeito.

A partir dali, o golpe se inicia com o criminoso exigindo dinheiro, seja se aproveitando de uma fragilidade emocional da vítima, seja por conseguirem material para suborno como *nudes* ou outros tipos de informações sensíveis. Esse tipo de conteúdo começou a ser uma verdadeira preocupação para os usuários e um sinal vermelho para as empresas, cobradas por respostas e ações para controlar o vazamento de fotos íntimas — mas que ainda hoje deixam a desejar.

O problema, na verdade, não é em relação ao uso ou não da internet, e sim como essa utilização é feita. Especialmente em casos de golpe ou de *cyberbullying*, a pessoa vítima dessas situações deve saber assimilar e compreender seus pensamentos e emoções, uma característica a qual se denomina Inteligência Emocional, muito necessária dentro e fora do contexto digital. Com ela, pode-se identificar os próprios sentimentos e os dos outros, tão importantes para se construir a empatia diante das situações on-line e off-line.

Os desenvolvedores do termo, os psicólogos americanos Peter Salovey e John Mayer, aplicaram esse conceito primeiro no contexto corporativo, mas ele pode ser usado em vários cenários. As pessoas estão sempre usando sentimentos distintos para lidar com diversos acontecimentos e ter controle sobre seus sentimentos pode tornar as situações mais fáceis e fazer com que elas atuem a seu favor. Para o analista de rede sociais, por exemplo, é muito importante adotar uma postura empática — característica dentro da Inteligência Emocional — para entender as queixas dos consumidores que fizeram um comentário negativo na página da loja e tentar encontrar a melhor solução para aquele problema.

Para que isso realmente ocorra, é preciso que esse sentimento de empatia seja recíproco, o que pode não ser tão fácil no meio digital. Apesar de dar a impressão de aproximação entre as pessoas, também ocorre quase que paradoxalmente o efeito contrário e os usuários encontram dificuldade de se ligarem emocionalmente a outros indivíduos na rede, evitando a criação desse elo entre os envolvidos.

Esse distanciamento dá margem para uma série de ações e atitudes nocivas, além de evidenciar um alto nível de intolerância e discriminação na sociedade.

Contraditoriamente ao fato de as redes sociais aproximarem mais as pessoas e proporcionarem um ambiente onde a comunicação é exaltada, por seu caráter digital e anônimo, deixam as pessoas mais à vontade para tomarem atitudes que, pelo contrário, no mundo real, seriam completamente rechaçadas. E aqui não estão incluídas apenas atitudes já citadas como o *cyberbullying*, *deepfakes*, mas também comportamentos destrutivos como grupos que apoiam distúrbios alimentares ou que podem estimular pensamentos suicidas nas pessoas.

Muitos optam por usar as redes como um canal de apoio quando se sentem oprimidas, principalmente durante o contexto da pandemia, e deixam de lado uma busca especializada para lidar com o problema. Mas não há garantia que aquele seu colega do outro lado da tela quer mesmo o seu bem ou não. E muito embora um atendimento médico online possa otimizar o tempo de deslocamento e evitar o risco de exposição à covid-19, ainda é necessário que a distância sentida no trato com o paciente seja resolvida.

Mais uma vez, a problemática quanto a questão da internet não é o uso em si, e sim a maneira que se utiliza e o tempo dedicado a ela. É preciso saber dosar o período gasto nesses aparelhos e a importância que eles terão na vida de cada um. Se você está em um jantar com a sua namorada, talvez não seja o momento mais indicado estar grudado no celular falando com seu grupo de amigos do trabalho. Estar presente e manter interações estáveis ativam partes do cérebro que estimulam o sentimento de prazer, enquanto o contrário pode causar respostas fisiológicas relacionadas a ansiedade, depressão, estresse, entre outros.

Pelos humanos referirem-se a seres sociais, usam parte do que apreendem das emoções para poder manter um bom relacionamento junto aos seus pares, e a confiança dentro desse contexto é um fator decisivo. As pessoas, no geral, especialmente no mundo virtual, atribuem na palavra das marcas e dos influenciadores um peso muito grande, assim, a indicação que fazem e o que promovem acaba sendo adotado por milhares de seguidores.

Se, em contrapartida, notarem que estão sendo enganados, ludibriados e manipulados em prol de determinada causa ou produto, então o que acontece é uma tentativa de sabotagem e "cancelamento"[17] nas redes. É um movimento em ascensão junto a um maior requisito por mais transparência — vide a adoção da LGPD no Brasil e RGPD na Europa — e atitude das figuras públicas em prol da verdade.

1.1.8 A DICOTOMIA DAS REDES SOCIAIS

Em 2015, uma pesquisa feita pelo Centro de Pesquisas Pew, em Washington, Estados Unidos, procurou indícios se as redes sociais provocam mais tensão em seus usuários ou aliviavam os sinais de ansiedade e estresse. Em uma amostragem com 1,8 mil pessoas, os pesquisadores concluíram que o uso das plataformas sociais estava ligado a "níveis relativamente mais baixos" de estresse.

Esses sentimentos podem contagiar e se espalhar por outros usuários das redes. É o que mostrou uma avaliação de cerca de 1 bilhão de atualizações de mais de 100 milhões de usuários do Facebook entre os anos de 2009 e 2012 por um grupo de pesquisadores da Universidade da Califórnia. Apesar de não terem conseguido traçar um paralelo entre um post feliz equivaler a uma melhora do humor, o estudo apontou que um dia onde o clima estivesse ruim aumentava o número de posts negativos em 1%, e um post negativo de alguém em uma cidade chuvosa influenciava outros 1,3 posts alheios vivendo em cidades com tempo seco. Por outro lado, posts mais animados tinham uma influência mais forte — cada um deles inspirava outro 1,75 posts feliz. No entanto, não está claro se um post feliz corresponde a uma melhoria real do humor.

Em um dia comum, antes do surgimento da internet, o número de indivíduos com os quais as pessoas se relacionavam era bem pequeno. Antes da invenção do telefone, em 1875, a forma de comunicação utilizada era o uso de cartas ou telegramas, às quais as pessoas trocavam poucas palavras e esperavam por muitos meses até que elas fossem efetivamente entregues aos destinatários. Depois, com a criação do telefone e o desenvolvimento de aparelhos mais modernos, as pessoas passaram a trocar informações e compartilhar histórias com mais facilidade, mas ainda era uma tecnologia considerada muito cara e pouco acessível para a maioria da sociedade.

Posteriormente, isso foi resolvido e, hoje em dia, qualquer pessoa tem um celular e você pode falar e ver amigos que estão há milhares de quilômetros de distância sem muito esforço e sem gastar tanto dinheiro quanto antes. No contexto da covid-19, esse comportamento foi impulsionado e as pessoas passaram a compartilhar ainda mais suas vidas no meio on-line, mostrando suas habilidades adquiridas, o que produziram enclausuradas em casa, e até mesmo realizando confraternizações no mundo digital para assim evitar a propagação do vírus e ficarem em segurança em suas casas.

No entanto, como se uma pandemia por si só já não fosse desesperadora o suficiente, essa intensa possibilidade de estar mais próximo do outro, com pessoas que antes não se tinha esse contato real, trouxe consequências negativas como a ansiedade e a angústia.

Em um mundo no qual as pessoas vivem 24 horas, 7 dias por semana absortas em seus próprios perfis e feeds de notícias, existe quase que involuntariamente uma comparação com a grama do vizinho. Parece que ela sempre é mais verde e melhor, esquecendo que o que se vê no Instagram e em outras redes sociais é apenas um recorte, um momento tirado de um dia de 24 horas. Esses sentimentos, claro, não são novidade e nem nasceram com a internet, mas foram adaptados e intensificados por ela.

Atrelado a essa sensação, há também um certo tipo de dependência da imagem e um sentimento de saturação das telas. Para saber sobre a vida de um amigo era necessário ligar ou marcar um encontro com ele em um bar, restaurante, parque ou o que seja para que as histórias pudessem ser compartilhadas nos mínimos detalhes. Hoje, basta postar uma foto no Instagram, escrever um post no LinkedIn para anunciar que você foi promovido ou que conseguiu um novo emprego, ou então contar ao seus seguidores no Twitter sobre o novo filme que você descobriu que está passando nos cinemas e a sua opinião sobre ele.

Da mesma forma que isso pode parecer uma facilidade, é também um problema, já que cria um distanciamento e uma sensação de superficialidade das relações. Ao invés das pessoas interagirem entre si — de modo concreto —, elas deixam um "joinha" ou apenas apertam o botão de curtir no Instagram, em que já é entendido como um contato completo.

Além disso, todas essas atualizações sobre a vida do seu amigo, vizinho, familiar e quaisquer outros contatos são recebidas diretamente no seu celular por meio de notificações dessas redes sociais que fazem o aparelho vibrar ou ser lotado por mensagens de alerta, bombardeando o seu cérebro a todo instante com novas informações. Isso acaba sobrecarregando o sistema nervoso que precisa processar um número crescente de dados e notícias sem um intervalo suficiente para descansar.

Essa "mudança de ambiente" entre o meio on-line e off-line se faz tão naturalmente quanto a respiração e os batimentos cardíacos, mas gradualmente seus efeitos são sentidos e a fonte de atenção das pessoas é prejudicada e diminui ao longo do dia. Uma situação bastante comum é quando, em meio a uma conversa, uma pessoa pega o celular e começa a ler mensagens, navegar pelo feed das redes sociais ou procurar o melhor ângulo para uma foto enquanto ouve o que estão falando. Mesmo que pareça estar prestando atenção, ela não escutará ou entenderá realmente o que estão dizendo e a interação não será tão boa caso ela estivesse fazendo uma coisa só por vez.

A dinâmica a longo prazo pode acarretar outros tipos de problemas como uma diminuição das habilidades sociais, uma menor correlação com os sentimentos como a empatia — tão importantes para o relacionamento humano —, além de aumentar a ansiedade e a dificuldade de concentração e memória por conta da sensação de necessidade de resposta imediata. Ademais, com o fluxo intenso de mensagens, informações e atualizações, o cérebro não tem um minuto de descanso para absorver o que quer que seja e tudo acaba sendo compreendido de forma bastante superficial.

Já aqui o fator tempo é alterado mais uma vez graças às inovações tecnológicas. A velocidade com a qual os processos se desenvolvem pode influenciar o andamento favorável ou não de uma situação e o jeito que se desfruta das experiências também é alterado. Na visita a um restaurante, você procura desfrutar do momento, colocar o assunto em dia com a esposa, filhos, namorada ou quem quer que esteja acompanhando você, degustar um bom vinho ou uma comida bem temperada, sem pressa para ir embora ou sem querer se preocupar com o trabalho ou outras obrigações.

No entanto, atualmente o que mais se vê são pessoas grudadas em seus celulares, não conversando entre si, postando fotos e posts em suas redes sociais, recomendando ou não umas para as outras se vale a pena ir a esse restaurante, como é a comida, o preço, o atendimento — e muitas vezes sem nem ao menos terem terminado de comer. O prazer do momento é destituído e observa-se que as pessoas ficam cada vez mais irritadas e impacientes caso a comida demore mais do que poucos minutos, não aproveitando a companhia de quem está na mesa com você e muito menos o momento de descanso para relaxar.

Esse mesmo efeito é observado, por exemplo, no cinema. Jovens millennials e das gerações mais novas trocaram as antigas salas de cinema e o programa de comprar a pipoca, assistir aos trailers e se preparar para assistir ao filme por serviços de streamings com um catálogo extenso de filmes, séries, documentários e mais. Não existe mais aquele tempo para reter o conteúdo do que foi visto nem absorver o impacto da história. Tão logo se termina de assistir a um filme, já pulam para outros e assim por diante.

Esse conceito de experiência foi trabalhado extensivamente por Walter Benjamin, um teórico e filósofo alemão, que defendeu a ideia de que a modernidade vive uma espécie de "empobrecimento da experiência". Tudo o que é feito é cronometrado e controlado, trazendo subordinado um sentimento de superficialidade e um apagamento do desejo, uma dificuldade de se ligar emocionalmente a qualquer uma das vivências da contemporaneidade.

Não à toa, tantos jovens se sentem angustiados e ansiosos, com um vazio crescente e que parece não ser preenchido com nada. Mesmo em meio a um mar de opções no catálogo da Netflix, por exemplo, não há realmente uma vontade de se ver qualquer coisa; ou então mesmo em um restaurante lotado, paira sobre as pessoas um sentimento de solidão e abandono, uma necessidade de conexão que parece não ser completada por nenhum tipo de interação — seja ela real ou virtual.

Não obstante, quanto mais rápidas as experiências são consumidas e vivenciadas, mais a necessidade por novidades é estimulada e demandada. Afinal, o que foi visto há dois dias já está velho e a sociedade demanda por novidades, sem nunca estar satisfeita ou se acostumar com o que recebe. Por isso, há sempre um novo meme[18] no ar, uma nova abordagem ou técnica sendo divulgada, uma nova tendência e por aí vai.

Essa característica da atualidade de estimular a todo instante o cérebro e de não dar um respiro para apreender e absorver as novas informações que chegam tem efeitos negativos na forma como as pessoas se relacionam e usam as redes. O comportamento delas muitas vezes é progressivamente ansioso e — ironicamente — estão desconectadas uma das outras. Outro sintoma prejudicial são justamente esses sentimentos de angústia, ansiedade, impaciência e apatia que podem se propagar e se estender para outros campos da vida diária.

Para a psicologia, quanto mais envolta nessa sensação de imediatismo, menos capaz de estabelecer relações e conexões saudáveis uma pessoa será. Pois não há tempo hábil para parar, é preciso continuar em movimento. O importante para esse momento da sociedade é produzir e consumir em um ciclo sem fim, evitando-se a todo custo o tempo livre e a criação de um pensamento mais crítico sobre determinado produto, conteúdo ou notícia. E isso se agrava mais com o confinamento como resposta ao coronavírus.

Sem a possibilidade de saírem de casa e vivenciarem experiências reais de maneira plena e completa, resta aos indivíduos viverem por meio de um aparelho celular, computador ou televisão — o que antes era até uma realidade para muitos, mas não uma obrigação e única escolha deles. Como resposta a esse período, o número de produção de conteúdo voltados para o contexto da pandemia, com dicas do que fazer para lidar com o estresse, informes sobre como higienizar bem as compras e a si mesmo, informações simplificadas sobre o vírus, entre outros aumentou drasticamente; o que parecia algo positivo, na verdade, não era bem assim.

Com a quantidade de conteúdo produzido junto a esse desgaste e à incerteza quanto ao futuro da população diante da evolução do coronavírus, os efeitos adversos experienciados pelas pessoas foram intensificados ainda mais. Houve uma certa saturação, uma apatia em relação ao próximo e a si mesmo. As pessoas ficaram perdidas e, com isso, desenvolveu-se uma dificuldade em criar vínculos com as outras.

1.1.9 DESCONECTANDO PARA RECONECTAR: OS DESAFIOS DA ANSIEDADE DIGITAL

Uma pessoa ansiosa é facilmente reconhecida. Há muitos livros de sinais corporais que ensinam a identificar seus sinais no outro e em si. Claro que esse sentimento não tem nada de anormal, mas precisa ser controlado para que o indivíduo consiga ter uma vida funcional, caso contrário estará à mercê de suas próprias emoções, o que afetará suas relações.

Mas, na atualidade, ela ganha um novo lugar de destaque e, inclusive, uma nova alcunha: ansiedade digital, um estado de angústia e estresse resultante do uso excessivo e constante das tecnologias digitais. Embora não seja uma patologia catalogada, o termo nomofobia já está sendo usado por psicólogos e pesquisadores que estudam a modernidade. De forma sucinta, a condição diz respeito a contínua exposição a informações, notificações e pressão para estar sempre conectado, o que pode levar a sentimentos de sobrecarga e desconforto emocional, especialmente entre a geração mais velha e os ávidos usuários das redes sociais como o Instagram.

No capítulo "A influência das redes sociais no comportamento humano", abordamos os fenômenos do FoMO e do JoMO e como eles influenciam os hábitos das pessoas e acabam por se relacionar ao poder da internet, que enquanto auxilia o estreitamento das relações, acaba por afastar as pessoas umas das outras. Esse segundo efeito é mais fortemente sentido por gerações mais jovens, que não têm ainda tantos recursos emocionais para lidar com tais sentimentos, ainda mais em um ambiente tão suscetível a eles quanto o virtual.

O resultado disso é, quando não se atende a certos tipos de padrões e comportamentos — dado que não se tenha aquele celular de última geração, o mais novo lançamento de um tênis ou eletrônico, fotos em lugares paradisíacos etc —, cria-se um sentimento de frustração e as pessoas começam a se sentir desajustadas, mesmo que não haja nada de errado com elas.

Nesse contexto, tanto o FoMO quanto o JoMO se fazem presentes e moldam determinadas tendências, em particular com a pandemia. Se por um lado existe o "medo de se estar por fora" e que por um tempo dominou o pensamento de muitos usuários, por outro, o JoMO tem ganhado cada vez mais espaço devido a essa saturação de conteúdos e uma necessidade primitiva que os seres humanos buscam de se relacionarem de uma forma mais intensa entre si. Parece irônico que após uma grande migração das relações pessoais para o meio digital, o movimento contrário ocorra e isso já estava sendo sentido bem antes da pandemia da covid-19.

No FoMO, nota-se um comportamento envolto por sentimentos de angústia e extrema ansiedade, além de estresse. Ao estar em uma cafeteria conversando com um colega e pegar o celular para responder a uma mensagem no WhatsApp, não importa se leva três segundos ou um pouco mais, nesse meio tempo você já deixou de escutar quem está à sua frente. E quanto maiores os intervalos e quanto mais mensagens surgirem, maior será sua ausência física.

Muitas pessoas simplesmente não conseguem esperar um pouco mais do que alguns minutos para obterem algum tipo de resposta quando mandam uma mensagem via WhatsApp, SMS ou e-mail. Ou então, assim que uma notificação aparece, elas imediatamente sentem a necessidade de responder exatamente naquele instante, mesmo que o horário ou o momento não sejam os mais apropriados. Existe, dessa maneira, uma certa pressão interna por uma eterna disponibilidade, por medo de perder algo importante ou por um senso de urgência que foi simplesmente inventado ao longo das transformações da sociedade.

É inegável que o coronavírus acelerou diversos tipos de processos, inclusive uma maior digitalização dos recursos em todos os níveis, desde o micro para o macro, o que já vinha acontecendo timidamente e já estimavam que pudesse ser o futuro. Mas apesar de em alguns contextos empresariais e relacionais a digitalização tenha se tornado regra — mediante as medidas de distanciamento e isolamento adotadas por muitos países —, houve essa crescente demanda das pessoas por uma maior profundidade relacional, porém que, frente a impossibilidade, preferiram se isolar ainda mais por conta de um verdadeiro desgaste emocional como resultado desse longo período sem uma interação social real.

As pessoas não querem mais se envolver com as telas tanto quanto imaginavam. O que antes parecia um sonho incrível, mostra-se totalmente impessoal e distante de sua essência. Por esse motivo, nota-se um movimento natural de pessoas tentando se reconectar com elas mesmas e com velhos comportamentos. Hotéis que promovem dias de detox digital, buscas por destinos onde não tenha sinal de internet ou celular, estipulação de horários para mexer no aparelho e priorizar o convívio familiar, entre outros hábitos estão sendo ressignificados e incentivados por psicólogos e diversos tipos de especialidades médicas.

Esses novos comportamentos estimulados pelo JoMO acabam influenciando também o desenvolvimento de relacionamentos mais saudáveis que foquem mais no indivíduo do que no contexto ou nos poderes. Os elementos dentro da cognição como comunicação, raciocínio, informação e linguagem são fortalecidos e transformados para focarem na própria instrospecção, onde cada um busca compreender a si mesmo para então se tornar mais tolerante com os outros.

No JoMO, os critérios estabelecidos anteriormente pelo andamento das evoluções digitais — em prol da imagem de estar presente a todo instante e compartilhando absolutamente tudo o que se faz — foram mais uma vez alterados. O que para quem está acostumado a transitar pelo mundo virtual não é nenhuma novidade, mas que por seu caráter fora da curva pode assustar um pouco. É necessário repensar em todos os tipos de experiências promovidas até então que priorizam o meio digital, especialmente agora que estamos nos acostumando com um novo mundo pós-pandêmico e aprendendo o que pode continuar da mesma maneira e o que precisa ser adaptado de vez.

Afinal, com a flexibilização das rotinas de trabalho graças a adoção do *home office* como prática corriqueira e, em contrapartida, a consequente saturação das redes sociais e do meio digital sendo sentida mais latentemente, as empresas estão sentindo que o público está vivendo uma dicotomia de sentimentos: por um lado, uma parte das pessoas está mais crítica e distante das redes; por outro, elas estão consumindo cada vez mais conteúdo on-line e navegam por entre um grande volume de informações e anúncios que competem pela atenção das pessoas.

Por enquanto, não existe uma resposta certa sobre qual fenômeno irá prevalecer. Entretanto, é indispensável tê-los em mente ao se pensar no futuro da sociedade e na influência deles no comportamento dos indivíduos ao longo dos anos. O governo brasileiro, por exemplo, em 2019 deu início ao Programa Reconecte, com o propósito de "reconectar" as famílias e os relacionamentos sociais no geral, utilizando a própria tecnologia como uma facilitadora. Alguns objetivos são:

- Informar a respeito das novas práticas e tendências virtuais do comportamento humano;
- Esclarecer a respeito do uso inadequado da tecnologia, assim como seus efeitos a curto, médio e longo prazo para a saúde mental;
- Informar sobre mecanismos de alerta, controle e regulação comportamental na família e sociedade;
- Fomentar o uso dos recursos tecnológicos sob a ótica de uma responsabilidade social.

Assim, o Brasil consegue capacitar a população para o uso responsável da internet, além de visar uma reeducação tecnológica daqueles que já vivem nesse meio, demonstrando os seus efeitos negativos. Uma das ações que aconteceram em 2019 foi o Desafio Detox Brasil, que incentivou os participantes a deixarem de usar a internet por um dia inteiro e realizarem outros tipos de atividades como exercícios físicos, leituras, práticas esportivas, passeios, entre outros.

Similar a esses movimentos, existe no próprio Instagram *hashtags* como a #detoxsocial que incentivam esse tipo de comportamento com desafios para que as pessoas fiquem por um período de dias longe das redes sociais e mantenham um diário contando o que fizeram e sentiram. Após essa reclusão, elas podem decidir retornar e contar o que descobriram, ou não. Alguns relatos indicam diminuição do nível de estresse, melhor qualidade do sono, mais interação com familiares e amigos, mais tempo para se dedicar aos estudos ou a um passatempo e a lista continua.

Para transitar bem entre esses dois fenômenos é preciso aprimorar as *soft skills* que se ligam muito ao fator de relacionamento e interação, além da cognição e uma boa dose de inteligência emocional. É preciso analisar o todo para descobrir a melhor abordagem e extrair o melhor desses dois mundos, sempre se adaptando às condições. É o que J. Salacuse defende no livro *10 ways of culture impacts negotiation* [sem publicação no Brasil]: se não nos adaptarmos e entendermos como o outro pensa, será impossível chegar a um acordo e falar a mesma língua que ele.

Com a finalidade de sobreviver na sociedade moderna, portanto, a capacidade de se adequar às mudanças, de evoluir em relação a novas expectativas e novos padrões é essencial. Visto que, com o passar dos anos, normas e padrões são atualizados e implementados na sociedade, como o caso do FoMO e, posteriormente, do JoMO.

CAPÍTULO 2

O PAPEL DA TECNOLOGIA DIGITAL NAS NEGOCIAÇÕES NO MUNDO EMPRESARIAL

OS SERES HUMANOS SEMPRE FORAM UMA ESPÉCIE SOcial, o que quer dizer que sempre existiu uma necessidade em cada um deles de se comunicar, cooperar e estabelecer um relacionamento uns com os outros desde a Antiguidade. Essa formação respeitava os critérios instintivos e nem sempre conscientes, como força bruta, agilidade, capacidade de raciocínio lógico e muitos outros elementos da cognição, a fim de se obter os melhores resultados de caça e a taxas de sobrevivência.

No entanto, em pouco menos de quinze anos, as relações amorosas e de amizade, opiniões, economia, interesses e tudo o que envolve a vida em sociedade passou a depender de bilhões de conexões de meios digitais espalhados por todo o mundo.

Isso se deve graças às evoluções tecnológicas que ocorrem a todo instante e que tocam em um ponto central e primitivo da essência humana: a demanda de pertencimento a uma comunidade e, paradoxalmente, o desejo de se diferenciar dos demais. Assim, ao mesmo tempo em que a transformação tecnológica e digital facilitou o acesso e a disseminação de inúmeros conteúdos até então isolados em regiões ou grupos específicos, ela alterou as relações humanas, tornando-as mais superficiais e instantâneas.

Hoje, especialmente por conta do agravante do isolamento social provocado pela pandemia da covid-19, as pessoas estão substituindo a comunicação presencial pela on-line. Uma cena muito comum da contemporaneidade, por exemplo, é ver um grupo de amigos reunidos em um café ou restaurante, mas ao invés de desfrutarem de uma conversa animada, cada um está absorto em seus próprios dispositivos móveis. Eles estão ocupados respondendo mensagens, rolando o feed das redes sociais e navegando em diferentes plataformas, sem realmente se envolverem uns com os outros. A atmosfera do encontro é dominada pelo silêncio, interrompido apenas pelo ocasional som das notificações dos *smartphones*. Nesse cenário, apesar de estarem fisicamente presentes, a falta de interação e conexão pessoal é evidente, já que cada indivíduo está imerso em seu próprio mundo digital.

No mesmo caminho dessa mudança, está o consumo de informações. A televisão deixou de ser o meio de comunicação mais utilizado pelas pessoas que queriam se informar, cedendo espaço para os *smartphones* e computadores, especialmente entre os usuários das gerações mais novas como os milleannials e as gerações Z e X. No entanto, de acordo com um estudo feito pela Comscore, 66% dos jovens leem apenas superficialmente as notícias, evidenciando uma menor dedicação à busca e leitura aprofundada do que consomem, e, consequentemente, mais propensos a consumir informações falsas (conhecidas como *fake news),* além de uma menor capacidade de compreender o mundo a sua volta, alterando o poder de cognição individual e percepção da realidade.

Outra pesquisa, conhecida como Índice de Confiança Digital (ICD)[1], contudo, demonstrou por meio de resultados de 2019 que os jovens tem se mostrado cada vez mais desconfiados em relação às tecnologias, obtendo o pior desempenho do indicador de confiança com 60,43% (INSTITUTE FOR TECHNOLOGY, ENTREPRENEURSHIP AND CULTURE et al., 2020). Os números se relacionam a um período marcado por escândalos de vazamento e uso indevido de dados, maior disseminação e propagação de *fake news*, tensão e polarização nas redes sociais.

Mas ainda assim, eles representam a camada mais forte dentre os usuários dessas plataformas. É o que mostra uma pesquisa do Fórum Econômico Mundial (VIENS; VISUAL CAPITALIST, 2019). Segundo seus dados levantados, a Geração Z passa, em média, 2 horas e 55 minutos por dia em redes sociais, contra 2 horas e 38 minutos dos millennials. Logo atrás, vem a geração X que as utiliza por 2 horas diárias, e os boomers, que utilizam as mídias por pouco mais de 1 hora diária.

Porém, não são só os jovens que apresentam essa modificação de comportamento. O mundo todo parece depender sempre mais fortemente dessas mídias sociais, o que levou a contestações sobre o seu uso por conta do crescimento desenfreado das *fake news;* ao mesmo tempo, auxiliou a divulgação de diversas campanhas e iniciativas para contornar os efeitos do distanciamento social e do confinamento. Ademais, também fomentou discussões quanto ao que se entende por conformidade legal, ou seja, quanto à legitimidade dos contratos necessária à viabilização de um acordo, especialmente no que diz respeito ao cuidado com os dados sensíveis dos usuários. Aqui, é importante observar as leis e a estabilidade dos órgãos reguladores, responsáveis por legislar o assunto e criar regras e critérios, bem como um foro de discussão para auxiliar no debate dessa nova realidade.

Pequenas empresas usaram suas páginas do Facebook para vender on-line, *lives* ao vivo foram hospedadas nas plataformas digitais para substituir eventos locais que geralmente fomentam o tráfego e impulsionam as vendas, diversos shows foram produzidos e exibidos pelos Stories no Instagram e TikTok, assim como aulas de Yoga, violão, exercícios físicos, meditação etc foram disponibilizadas dentro dessas plataformas ao alcance de poucos cliques. Absolutamente tudo foi reaproveitado e transacionado para a "máquina de hype".

Em entrevista para o programa Digital de Tudo,[2] Sinan Aral, diretor da MIT Initiative on the Digital Economy, um dos maiores centros de pesquisa sobre a influência das tecnologias digitais no mundo, e chefe do Laboratório de Análise Social do MIT, define a máquina de hype como o complexo industrial da mídia social. Ou seja, ela atua como o agrupamento de tecnologias, negócios e plataformas que fazem parte do ecossistema da mídia social e que tem transformado completamente o mundo na última década. Sua influência é sentida desde assuntos relacionados a eleições e democracia, à saúde pública, coronavírus e todos os âmbitos de um negócio, mudando como as pessoas processam informações e se relacionam com elas.

Em seu livro *The Hype Machine – How Social Media Disrupts Our Elections, Our Economy, and Our Health... and How We Must Adapt* [sem publicação no Brasil], Aral complementa essa explicação e diz que a máquina de hype regula e direciona o fluxo de informações, ideias e opiniões na sociedade, de pessoa para pessoa e, inclusive, entre pessoas, marcas, governos, meios de comunicação e organizações internacionais. Os resultados coletivos que os seres humanos agora experimentam como sociedade são a agregação das decisões individuais tomadas de acordo com esse fluxo aos quais ficam expostos por meio de diversas mídias, incluindo grandes conglomerados de comunicação e, hoje mais do que nunca, de redes sociais.

Em paralelo a essa manobra para controlar os efeitos econômicos da pandemia, existe também o aumento de movimentos sociais e o alcance dessas vozes pela facilidade de acesso que as plataformas geram, fazendo com que suas denúncias sejam ouvidas globalmente. O caso mais recente foi a repercussão do homicídio do afro-americano George Floyd, de 46 anos, em maio de 2020. Tudo começou com a divulgação de um vídeo mostrando a prisão de Floyd onde um policial branco pressionava o pescoço dele, enquanto era algemado e estava de bruços no chão. Desde então, diversas ruas do país registraram manifestações massivas contra o racismo e a violência policial, recebendo o apoio de milhares de pessoas, desde pessoas comuns a celebridades internacionais, jogadores de futebol e políticos.

A todo momento, as pessoas são bombardeadas com trilhões de notificações de atualizações de status, notícias, histórias, tweets, cutucadas, postagens, referências, anúncios, compartilhamentos nas redes sociais, notícias etc. Essa quantidade absurda de informações ganha mais assertividade por conta de algoritmos projetados para otimizar as conexões entre os usuários, acelerar as interações e maximizar o engajamento com fluxos personalizados de conteúdo.

É assim que as redes sociais conseguem transformar o que as pessoas fazem e até mesmo como pensam, influenciando seus gostos e sentimentos acerca de um produto, serviço ou experiência. De acordo com uma matéria publicada na revista americana Technology Review em 2014, mundialmente, o tempo gasto em sites de redes sociais ultrapassou o intervalo consumido em e-mail em novembro de 2007, visto que o número de usuários de redes sociais ultrapassou o de e-mails em julho de 2009 (CASTELLS, 2019).

Dessa forma, empresas de todos os portes, bem como instituições e grupos menores, ao perceberem que os sites de redes sociais são hoje as plataformas preferidas para todos os mais variados tipos de atividades — sejam elas profissionais ou pessoais — têm sido rápidos em se adaptarem às mudanças da transformação digital para tirarem o máximo proveito da situação.

Apesar de se cunharem como "redes sociais", elas promovem um tipo diferente de sociabilidade. Ninguém imaginou que toda essa praticidade oferecida pela internet poderia ser nociva, principalmente quando se pensava nas relações interpessoais. Isto porque, mesmo com todo esse potencial computacional e tecnológico ao alcance de suas mãos e à distância de poucos toques, o homem moderno continua com uma mente primitiva.

A necessidade antiga de se reunir para caçar foi substituída. As pessoas estão aprendendo a viver sozinhas e, para isso, recorrem à tecnologia a fim de satisfazer seus desejos, que antes eram supridos pela presença do outro ou exigiam uma certa interação entre as partes. Hoje, basta ter um *smartphone* para você entrar em um aplicativo de *delivery*, escolher entre uma miríade de restaurantes, efetuar o pagamento digitalmente e até mesmo decidir se quer encontrar com o entregador ou não.

Nesse sentido, diversos estudos buscam entender se o uso dessas plataformas e da internet podem aumentar o risco de distanciamento e isolamento, alienação e afastamento da sociedade, mas as evidências disponíveis mostram que, na verdade, o que elas têm feito é aumentar a sociabilidade, o engajamento cívico e a intensidade das relações familiares e de amizade em todas as culturas, especialmente no contexto pandêmico.

Isso é possível graças a três aspectos: inteligência artificial (IA), *smartphones* e a própria estrutura dessas mídias sociais. Os *smartphones*, principal meio de acesso à rede para os brasileiros, de acordo com dados do IBGE (TOKARNIA, 2020), proporcionam um ambiente "sempre ligado" para a máquina de hype operar, aprendendo e alimentando seus dados com informações quanto ao comportamento humano e suas opiniões. Até 2018, três em cada quatro brasileiros tinham acesso à internet por meio do celular, segundo a Pesquisa Nacional por Amostra de Domicílios Contínua — Tecnologia da Informação e Comunicação (PNAD Contínua TIC) (IBGE, 2018).

Já a IA guia a evolução dessas redes por meio de recomendações de amigos e do curso de informações reunido pelos algoritmos do feed dos usuários. Engana-se quem pensa que as fotos mostradas no Instagram e Facebook são organizadas de formas aleatórias, ou que aquela sugestão de amizade, ou de data no LinkedIn e Tinder são uma coincidência. Tudo o que aparece nessas plataformas, incluindo os anúncios expostos, são organizados pelos algoritmos específicos das IAs aplicadas nas redes.

Essa é uma das formas pelas quais as redes sociais estruturam o caminhar de informação e influência na sociedade. A outra é por meio do uso de dados sobre as conexões feitas dentro dessas plataformas para construir modelos mais precisos de preferências. É uma forma delas controlarem o poder de decisão dos usuários e persuadi-los para que eles tendem mais para um lado do que para o outro, ou estejam mais condicionados a fazer x e não y.

Com um poder de prognóstico que aprende com as interações graças aos seus sistemas baseados em *machine learning*, os algoritmos conseguem entender por que os usuários clicam em alguns links e imagens e descartam outros, por que comentam em alguns posts e ignoram outros, entre outros tipos de decisões tomadas. Assim, a máquina de hype observa essas decisões e aprende o que gostam, quem gostam e o que e como pensam para que as próximas sugestões ao acessarem as plataformas sejam ainda mais assertivas. Esse processo de interação com máquinas humanas — conhecido como loop hype[3] — influencia os indivíduos ao mesmo tempo em que eles fazem o mesmo.

Existe uma narrativa corrente na modernidade que demoniza a tecnologia, como se ela tivesse sido construída para corromper e destruir a sociedade. De filmes de ficção científica a afirmações de famosos como Elon Musk, fundador e CEO da SpaceX, Tesla Motors, Neuralink e outras, que participou do encontro da National Governors Association em 2017 e disse que "a Inteligência Artificial é um risco fundamental para a existência da civilização humana" (D'ANGELO, 2017).

Atrelado a isso, existe o medo de que as máquinas e robôs possam "roubar" nossos empregos ou ficarem tão inteligentes que irão nos manipular. Por exemplo, o Congresso dos EUA culpou o Facebook pela erosão da democracia americana, já que especialistas testemunharam que os *bots* são responsáveis pelo surgimento e a propagação das *fake news.*

Mas essa perspectiva dá muito poder à tecnologia e tira o papel de relevância que os agentes humanos desempenham na formação das relações com as mídias sociais. Afinal, alguém teve que programar os *bots* e dizer a eles que tipo de informações e interações eles deveriam buscar para poder atingir o maior número possível de aliados e espalharem assim uma quantidade absurda de notícias falsas, desarticulando toda e qualquer organização democrática que existia nos Estados Unidos.

Essa postura — assumida pelo Congresso, mas que muitas instituições e organizações também adotam — acaba sendo danosa porque absolve os usuários de toda e qualquer responsabilidade sobre suas interações e ações dentro desses espaços digitais. Muito embora a máquina de hype ajude na criação e modelação das realidades individuais e sociais, ainda é necessário um agente ativo atuar sobre ela.

Assim, o comportamento humano dentro das redes sociais — o que curtem, postam, consomem etc — dão indicativos de como a máquina deve agir. Para isso, por meio de redes neurais de *deep learning,* os algoritmos ficam a todo instante interpretando todo e qualquer conteúdo enviado, sejam eles fotos, vídeos, textos, mensagens de voz, e-mails.

É desse jeito que o Facebook, Instagram, YouTube e muitas outras analisam todo esse material de forma minuciosa para entender o que fazem os usuários, pelo que se interessam, o que os faz felizes ou tristes e como as coisas que os motivam estão relacionadas ao engajamento, padrões de compra e conectividade. No fim, o que a máquina de hype quer é entender exatamente o que buscam as pessoas e como se aproveitar melhor disso em benefício próprio e das empresas e organizações por trás dela.

2.1 AMOR, DINHEIRO E GLÓRIA

Pode-se dizer que os interesses-base de todos os seres humanos estão relacionados ao amor, dinheiro ou glória em alguma instância. É o que o professor do MIT e diretor do Center for Collective Intelligence, Thomas W. Malone, afirma ao explicar como, por meio da inteligência coletiva, pode-se construir melhores empresas. Segundo suas pesquisas, no contexto organizacional, são essas as três motivações que poderiam determinar o envolvimento e, nesse sentido, o engajamento dos funcionários com os projetos e processos de um negócio.

O engajamento é o fator determinante para que as pessoas produzam mais e queiram o melhor para a organização, seja por simplesmente acreditar na causa ou pelo aspecto financeiro. Já a glória, em outras palavras, o status, tende a ser uma questão fundamental para qualquer ser humano. Do ponto de vista associativo, relaciona-se com a importância dos times e das pessoas que fazem com que eles se coloquem e ajam conforme os interesses da empresa e sigam todos na direção de um modelo de inovação.

Para que o engajamento perdure e resulte em um aumento de produtividade e uma vantagem competitiva, é necessária uma liderança adequada atrelada ao que se conhece por cultura organizacional. É ela que representa o conjunto de crenças e valores compartilhados por toda uma instituição e que determina as prioridades de cada função.

Essa é uma das preocupações mais latentes entre os líderes quando se pensa na permanência do on-line: como manter a cultura corporativa operante e manter os funcionários comprometidos com a empresa?

Uma ideia é apostar no conceito de inteligência coletiva. Veja os casos do Google, Wikipedia, Reddit e afins que contam com a contribuição de pessoas de todo o mundo para reunir o maior número possível de informações sobre os mais diversos assuntos. Isso permite a criação de um ambiente participativo, onde os contribuintes vão além do "vestir a camisa", ou seja, é mais que uma tentativa de criar um engajamento com metas ou valores, você as inclui diretamente na produção da empresa.

Malone usa como exemplo prático a história de Linus Torvalds, estudante de graduação da Universidade de Helsinki, que em 1991 criou um sistema operacional rudimentar para computadores pessoais. Ainda naquele ano, ele originou uma comunidade de milhares de programadores voluntários em todo o mundo que desenvolveram o Linux, um dos sistemas operacionais de computador mais importantes do início do século XXI.

Para explicar o sucesso por trás do Linux, é possível fazer uma analogia com os conceitos de genética. Isto é, assim como as células de um organismo, os genes organizacionais são o elemento principal do qual se inicia a construção de um sistema de inteligência coletiva. A combinação completa de genes associados a um tipo específico de inteligência coletiva pode ser vista como o "genoma" desse agrupamento. Tal "genoma" pode ser classificado em categorias determinadas por quatro questões: quem, o que, como e por que.

Os primeiros genes, frutos da pergunta "quem", podem ser separados em dois grupos: hierarquia e multidão/coletividade. No Linux, por exemplo, Torvalds e seus colaboradores diretos usaram o gene de hierarquia para decidir quais colaborações de terceiros seriam incluídas na próxima versão do software. Por outro lado, nas redes sociais como o Instagram, Facebook ou YouTube, impera o gene da coletividade, onde qualquer usuário pode produzir conteúdo e postá-lo, basta seguir algumas regras básicas de diretrizes e comunidade.

Em seguida, a indagação "o que" se divide em duas ordens: criação e decisão. Em organizações tradicionais, a resposta a essa pergunta costuma ser chamada de missão ou objetivo. Também pode ser chamada de tarefa. O caso da Wikipédia mostra pessoas que se unem para contribuir com uma enciclopédia on-line; ou o YouTube, com sua comunidade que cresce a cada instante e onde mais de 500 horas de vídeo são carregadas para a plataforma a cada minuto, de acordo com estatísticas do próprio site. Além disso, membros e usuários podem participar de votações, dar opiniões e decidir quanto ao prosseguimento de um projeto.

O terceiro gene, portanto, "como" pode ser distribuído em: composição e colaboração. O conteúdo nas redes sociais e em blogs são criados, majoritariamente, de forma independente pelos seus usuários e, quando vistos de uma maneira mais macro, formam uma composição. Como os artigos na Wikipedia que são compostos pela colaboração de vários membros de modo conjunto.

Existe, ainda, um subtipo atrelado a esse quesito: concurso, onde os melhores produtos e ideias são recompensados com um prêmio ou outra forma de reconhecimento. Pode-se citar o Prêmio Netflix, concurso aberto em 2009 para a escolha do melhor algoritmo de recomendação de filmes e séries com base em classificações anteriores. A competição foi aberta a qualquer pessoa que não estivesse conectada à Netflix (funcionários atuais e ex-funcionários, agentes, parentes próximos de funcionários da Netflix etc.) nem residisse em certos países restritos (como Cuba ou Coreia do Norte).

Por último, a pergunta "por que" se relaciona diretamente aos três interesses básicos do ser humano mencionados no início do texto: amor, dinheiro e glória. Esses três motivadores não são nenhuma novidade, mas percebe-se uma mudança curiosa na relevância deles nos últimos anos. Muitos dos sistemas de inteligência coletiva deram mais ênfase ao amor e à glória em comparação com as organizações tradicionais, que confiaram mais no dinheiro como força incentivadora. É possível citar oportunidades de reconhecimento com as famosas listas de "principais contribuintes" ou a institucionalização de classes de membros sustentadas no desempenho que conferem vários graus de status, como "vendedor poderoso" no Mercado Livre ou OLX e "revisor principal" na Amazon.

Esses fatores e suas combinações são especialmente importantes para engajar os grupos a participarem de sistemas de inteligência coletiva: utilizar os genes do amor ou da glória, ou ambos, pode reduzir custos, por exemplo. A Amazon não paga pelas resenhas de livros que recebe; os usuários as escrevem para obter reconhecimento ou simplesmente porque gostam de fazê-las.

No entanto, é preciso considerar a natureza do negócio antes de juntar dois genes, pois nem sempre a combinação funciona. Enquanto a Amazon consegue operar bem com as avaliações gratuitas ao utilizar-se do aspecto de contribuição da glória, a H.J. Heinz Company, renomada por seus ketchups, sofreu diversos ataques por solicitar a colaboração de seus consumidores na criação de um novo comercial por supostamente tentar usar mão de obra grátis para um trabalho especializado.

Já, por outro prisma, dinheiro e glória conseguem ajudar na produtividade. Muitas vezes é difícil controlar a velocidade ou a direção em que uma multidão trabalha, ainda mais em um ambiente tão independente quanto a internet. Mas se houver objetivos e critérios específicos em mente, as pessoas podem, eventualmente, ser influenciadas para alcançá-los mais rápido fornecendo, como recompensa final, dinheiro, status ou glória aos membros que vão no rumo desejado. Um exemplo dessa abordagem é a IBM Corp., que designa muitos de seus funcionários pagos para trabalhar em recursos do Linux que são particularmente importantes para a empresa.

À medida que os recursos de computação, comunicação e tecnologia como um todo continuam a melhorar, os gerentes podem fazer mais do que apenas olhar para exemplos e esperar inspiração. Com isso, para cada atividade-chave a ser realizada, eles podem considerar sistematicamente muitas combinações possíveis de respostas a perguntas sobre o que, quem, por que e como.

Assim, atrelado ao uso ativo da inteligência coletiva, recursos de *social, mobile, blockchain*, realidade virtual ou aumentada e uma série de outros elementos podem mudar a forma como as empresas conduzem seus negócios e executam seus projetos. No entanto, é importante ressaltar que, na mesma rapidez em que são inseridos, esses recursos também podem ser descartados em velocidades cada vez maiores.

Paralelamente a isso, estão ocorrendo mudanças sociais relevantes, como a polarização política, novos modelos de igualdade, questões relacionadas à vida, saúde e morte, bem como alterações nos processos e modelos educacionais. Essas transformações também desempenham um papel importante nas operações das empresas e na maneira como a organização interage no ambiente em que está inserida, seja ele on-line ou off-line.

Ao observar esses dois eixos de tecnologia e mudanças sociais, é fácil ver o impacto causado no mercado e a necessidade de as empresas modificarem alguns elementos para se ajustar a realidades cada vez mais líquidas. É aqui que a cultura exerce a sua influência mais proeminente. Ao mudá-la, a empresa torna-se capaz de transformar a estratégia.

Essas alterações demandam também de mudanças no pensamento estratégico e na execução do restante das engrenagens fundamentais para que uma empresa funcione. Muitos empreendedores e chefes de negócios utilizam o *data intelligence* para ajudar nesse processo. Com ele, é possível basear a tomada de decisão quanto a qual caminho seguir em termos de mudanças estratégicas mais benéficas e eficientes.

A cultura organizacional moderna, portanto, se torna um diferencial competitivo na mesma medida em que estimula a adoção de algumas práticas como o incentivo à ousadia e à inovação, delegação do controle, obtenção de mais colaborações entre os funcionários e disposição de mais ações proativas com menos burocracias processuais. Além disso, embora complexa, a seleção e combinação de genes motivacionais também é extremamente importante. Errar nesses fatores é a maior razão por trás dos esforços fracassados para lançar novos sistemas de inteligência coletiva. Assim, o sucesso dependeria de como eles seriam misturados entre si ao longo dos processos de uma empresa.

2.2 HUMANIZAÇÃO DO AMBIENTE CORPORATIVO E SEUS LIMITES NO MUNDO ATUAL

As identidades dos indivíduos dentro das organizações são construídas a partir do relacionamento humano existente por meio do compartilhamento de objetivos, critérios e interesses em comum. Isso exerce grande influência quando se pensa na motivação dos trabalhadores, em sua satisfação e, principalmente, na produtividade que eles apresentam dentro das empresas.

As atitudes, a cultura, os hábitos... Absolutamente tudo é aprendido pelo meio social ao qual as pessoas estão inseridas. Pense no personagem Tarzan, por exemplo. Ele foi criado na floresta, sem qualquer contato humano, por um bando de chimpanzés. Não é de se estranhar que seus comportamentos reproduzam tudo o que fosse possível do ambiente social ao qual se encontrava. Ao entrar em contato com Jane e outros humanos, Tarzan começa a aprender um pouco de como se comportar diante de "iguais", mas ainda traz consigo características muito particulares, frutos de sua criação em meio à vida selvagem.

Por isso, ao pensar em uma cultura e comportamento organizacional, deve-se ter em mente que os funcionários são, antes de tudo, pessoas com valores e interesses individuais e particulares, sonhos, objetivos e raízes. Ou seja, cada um traz dentro de si uma bagagem, um contexto, um pouco de sua história e experiência para contribuir para um bom convívio e também garantir a entrega de resultados.

Ao ingressar em uma organização, normalmente espera-se que os colaboradores "vistam a camisa da empresa" e, para que isso ocorra o mais natural e espontaneamente possível, eles devem estar sintonizados e engajados com os valores e objetivos corporativos. Dessa forma, reconhecer esses significados e a própria individualidade conduz todos os envolvidos a uma só direção e pauta o padrão de comportamento, as decisões, políticas e processos implantados na organização.

Esse é o primeiro passo para garantir a satisfação de seus consumidores. E isso só é possível ao garantir também o contentamento dos colaboradores de uma empresa, afinal, é o capital humano que confere uma maior diferenciação de cada corporação no mercado, um maior engajamento e alinhamento aos objetivos do negócio e uma motivação para os funcionários a darem o seu melhor, esforçando-se a todo instante para agradar os clientes e conquistá-los ainda mais.

As corporações de todo o mundo percebem que quanto mais acolhidos, mais inclinados a participar os colaboradores estarão. Assim, o respeito, a consideração e a empatia constituem fortes motivos para que eles permaneçam vinculados a uma empresa, parceiro ou grupos. O que se vê é um crescimento da mentalidade de coevolução ou como também é conhecido, corresponsabilidade, onde existe uma preocupação em ouvir o outro, aprender com ele e juntos, encontrar novas formas de se realizar alguma tarefa.

A gestão de pessoas passa a valorizar o profissional como ser humano, e não mais como uma mera peça no quebra-cabeça mercadológico. Contudo, uma vez que o comportamento dos funcionários passa a ser uma extensão do grupo — logo, uma projeção do que a empresa defende e quer evidenciar aos outros —, a identidade pessoal e social confunde-se, ocasionando uma perda da individualidade entre os membros da empresa. Cria-se, então, uma necessidade de diferenciação entre o indivíduo e as corporações.

Em primeiro lugar, é necessário entender o que significa identidade pessoal e identidade social. Segundo a pesquisadora Ting-Toomey, a identidade pessoal está relacionada em como o indivíduo define suas características próprias; enquanto a identidade social diz respeito aos conceitos derivados de uma afiliação em categorias ou grupos como etnia, orientação sexual, classe social, idade, profissão etc.

Assim, a maneira pela qual alguém é definido ou se define influencia em algum grau seu senso de autoidentidade. Nesse sentido, além de tender a escolher atividades e instituições que tenham alguma afinidade com seus reconhecimentos mais íntimos, isso afeta diretamente os resultados obtidos e reforça a fixação ao grupo e aos valores defendidos por ele.

Dessa forma, pode-se afirmar que, quanto maior a identificação dos indivíduos com uma empresa ou uma causa, maior será o comprometimento e, consequentemente, o engajamento com ela. Em tempos de trabalho remoto com a pandemia da covid-19, isso se tornou um verdadeiro desafio.

Para aqueles que já estavam inseridos na cultura organizacional e bem estabelecidos na rotina da empresa, com relacionamentos bem estruturados com os seus colegas e pares, a transição escritório-casa pôde causar um sentimento de tristeza ao mesmo tempo em que estimulou o encontro pelo Zoom e Skype, convites para *happy hours* virtuais e mais. Sob outra perspectiva, aqueles que não estavam tão integrados no dia a dia das organizações, acabaram se sentindo ainda mais isolados, o que afetou o comprometimento e engajamento com os valores e a missão da empresa.

Diversos funcionários e novos contratados correm o maior risco de cair nesse estado de desconexão, porque seus laços sociais e senso de pertencimento são mais frágeis antes mesmo de todos serem mandados para casa. Para não cair nessa armadilha, um artigo da Harvard Business Review sugere a adoção de um plano de ação conhecido como "Os três A's da inclusão" (LIPTON, 2020): *Awareness* (Conscientização), *Authenticity* (Autenticidade) e *Accountability* (Responsabilidade).

O primeiro diz respeito a estar ciente de quem você inclui ou exclui inadvertidamente dentro do seu ambiente de trabalho. Como seres sociais, as pessoas precisam dos demais, mas cada uma tem seus próprios padrões e preconceitos estabelecidos. Durante os momentos de estresse, parte da nossa resposta natural é voltar à nossa zona de conforto, onde esses hábitos vivem.

Para ajudar a cultivar o sentimento de pertencimento nas organizações, as pessoas precisam primeiro reconhecer seus padrões dentro de ambientes empresariais, observando quem são as pessoas com as quais cada um se conecta, trabalha e se certifica de falar. Se você não tem certeza de quem são, verifique seu histórico de mensagens enviadas. Os nomes que você vê repetidamente são as pessoas que você está incluindo no seu círculo pessoal.

Considere convidar aqueles com quem você pode não estar interagindo tanto para reuniões às quais eles não precisam comparecer, mas podem gostar ou obter valor com a participação. Esses tipos de atitudes podem ajudar e muito a fazer com que alguém se sinta incluído. Isso é especialmente verdadeiro para os novos contratados, que estão perdendo oportunidades de construir relacionamentos por meio de reuniões pessoais e conversas no corredor.

Já o segundo aspecto, a *Authenticity* (Autenticidade) se relaciona ao estado mental das pessoas, o quanto elas conseguem manter-se emocionalmente equilibradas mesmo em tempos conturbados. Apesar de a pandemia ter sido uma experiência compartilhada, também foi profundamente individual.

Dar às pessoas espaço para que elas se mostrem como de fato estão é uma parte séria da criação de uma cultura inclusiva. Na condição de trabalhar remotamente e lidar com uma série de estresses da incerteza e da mudança constante, é especialmente útil reservar um tempo no início das reuniões — sejam individuais ou em grupo — para verificar como cada um está, trocarem informações e se conectarem. Os líderes podem dar o paradigma e começarem a se abrir primeiro, sendo autênticos e vulneráveis sobre seus próprios desafios. Isso dará aos outros a abertura necessária para fazer o mesmo e exporem suas preocupações e problemas pessoais ou profissionais e compartilhar ideias.

Por último, a *Accountability* (Responsabilidade) diz respeito a assumir seus privilégios perante o momento pandêmico. Todos enfrentaram juntos as consequências e os efeitos desse período, mas de formas extremamente particulares: algumas pessoas adoeceram, tiveram entes queridos que ficaram doentes e/ou os perderam para a covid-19, enquanto outros não; alguns de nós estudamos em casa, ao passo que outros não; alguns perderam renda e/ou empregos, já outros não; alguns de nós nos abrigamos com família e entes queridos, enquanto outros ficaram totalmente sozinhos. Assim, reconhecer seus privilégios e ser responsável por eles pode ser benéfico para se conectar com os demais membros da equipe e aumentar o comprometimento e o engajamento organizacional.

Sentir-se excluído é um problema profundamente humano com consequências pesadas e causas difíceis de erradicar, até mesmo nos locais de trabalho mais saudáveis. Uma pesquisa conduzida pela BetterUp para investigar o papel do pertencimento no trabalho e seus efeitos concluiu que se encontrar como parte de um grupo, empresa ou comunidade se relaciona intimamente com experiências como conexão e identificação social. O fio condutor desses temas é que todos eles giram em torno da sensação de ser aceito e incluído por aqueles ao seu redor.

Para funcionários e organizações, isso significa que essa necessidade intrinsecamente humana pode trazer benefícios para os negócios, quando bem cuidada. Se os trabalhadores sentirem que fazem parte do setor, departamento ou atividade, as empresas colhem benefícios substanciais nos resultados financeiros. Segundo o estudo, o grande desempenho estava ligado a um aumento colossal de 56% no desempenho no trabalho, uma queda de 50% no risco de rotatividade e uma redução de 75% nas ausências por doença. Para uma empresa de 10.000 pessoas, isso resultaria em uma economia anual de mais de US$ 52 milhões (BETTERUP, 2020).

Felizmente, os efeitos nocivos da exclusão podem ser revertidos. Ao introduzir os funcionários em encontros e reuniões de *feedback* para compartilharem reflexões e opiniões sobre problemas e desafios e incentivá-los a pensar em formas de tornar a volta ao local de trabalho mais abrangedora e agradável, os líderes notaram uma mudança no comportamento dos colaboradores, que passaram a contribuir mais e a se relacionarem mais uns com os outros.

Essas estratégias ajudariam os trabalhadores não apenas a navegar pela dinâmica complicada do local de trabalho, mas também a conduzir sua própria versão de transformação, especialmente quando o sistema não está funcionando para todos. Os líderes e as organizações devem solicitar *feedback* dos funcionários e levá-lo a sério; esse comportamento é crucial para que as empresas caminhem em uma direção mais ampla e saudável. Os trabalhadores precisam sentir que pertencem a algo que valorizam — e que podem efetuar renovações quando necessário.

2.3 A IMPORTÂNCIA DO EQUILÍBRIO ENTRE PODER E INFLUÊNCIA NO MEIO DIGITAL

Existe uma prática militar conhecida como *drown-proofing* (tradução livre para "treinamento por submersão") em que os candidatos devem aprender a nadar com as mãos e os pés amarrados. Normalmente, o treino ocorre em uma piscina de 9 pés de profundidade (mais ou menos 2,7 metros).

É assim que um gerente digital poderia se sentir caso dissessem a ele para administrar seus negócios nas redes sociais sem ter alguns experimentos antes. Afinal, é por meio de testes que as estratégias podem ser otimizadas, já que as empresas são capazes de delinear mais claramente as preferências comportamentais de um público-alvo e outros aspectos não tão óbvios, conseguindo prever, com análise detalhada, um possível desejo ou ação.

Um agente importante desse diagnóstico são as redes sociais, parte integrante da rotina das pessoas. O jornal da manhã foi substituído por uma rápida olhada nos feeds do Facebook, Instagram ou Twitter. Para conferir se uma notícia é verdadeira ou não, muitos recorrem direto ao perfil de jornais ou de *fact-checking* para se certificarem da veracidade daquilo que leem ao invés dos portais oficiais.

Na verdade, de acordo com uma pesquisa feita pelo We Are Social (Global Digital Overview, 2020), os brasileiros passam em média cerca de 3 horas e 31 minutos por dia utilizando alguma rede social, seja compartilhando ou reagindo a conteúdos. Assim, muitas marcas e empresas, principalmente do comércio local, se aproveitam desse poder sobre as pessoas para influenciar seus potenciais consumidores e a sociedade como um todo mediante concessões inconscientes.

O conhecido "boca a boca" ganha um novo enfoque com as novas tecnologias e os canais de comunicação amplificam o alcance das informações, sejam elas boas ou não, verdadeiras ou falsas. Pode-se perceber o impacto de todo esse poder atrelado à comunicação quando se observam os movimentos sociais como a Primavera Árabe, uma onda revolucionária no Oriente Médio e no Norte da África contra a ditadura nos países árabes ocorrido em 2010, e o caso *Occupy Wall Street* (em português: Ocupe Wall Street), um movimento de protesto contra a desigualdade econômica e social iniciado em 2011.

Atualmente, muitos outros mutirões e passeatas ganharam destaque proeminente na mídia, tudo graças à autoridade de propagação e disseminação das redes sociais. Entretanto, esses foram os dois principais exemplos de maior alcance que evidenciaram de forma muito latente todo o potencial de poder e influência que o meio digital pôde exercer graças à tecnologia da informação. O Facebook foi usado para motivar, mobilizar e organizar as pessoas para saírem e realizarem ações no mundo real, para mudarem seus comportamentos, para protestar nas ruas. O mesmo aconteceu em muitos outros movimentos desde então.

Esses são sinais sociais digitais que estão potencialmente influenciando o comportamento dos usuários. E nunca foi tão fácil mobilizar uma multidão. Agora, basta apertar alguns poucos botões para estimulá-los em prol de uma causa.

Diante disso, esse sentimento é tão forte que nem mesmo as recomendações de saúde da pandemia representaram algum empecilho, como ficou evidente com a Invasão do Capitólio dos Estados Unidos em 2021. Na ocasião, partidários do então presidente Donald Trump foram convocados por ele em seu Twitter para se reunirem em Washington a fim de protestarem contra o resultado da eleição presidencial de 2020. Trump alegou que a votação havia sido fraudada e que eles deveriam "salvar a América" de um golpe.

Porém, apesar do que se pensa, isso evidencia que o poder, seja dentro do mundo político, nos negócios ou campos de batalha e principalmente no meio digital, torna-se mais fragmentado e difícil de ser mantido. Em *O Fim do Poder*, Moisés Naím (2019), pesquisador com doutorado em Economia pelo Massachusetts Institute of Technology (MIT), discute essa transformação e o fato de que a sociedade atual tende a interpretar mal e a ignorar a magnitude, a natureza e as consequências dessa mudança e o que isso de fato significa para todos.

Naím apresenta o movimento de transição onde o poder passa daqueles que têm mais força bruta para os que têm mais conhecimentos, dos países do norte para os do sul e do Ocidente para o Oriente, dos velhos gigantes corporativos para as empresas mais jovens e ágeis, dos ditadores aferrados ao domínio para o povo que protesta nas praças e nas ruas. Para o pesquisador, o poder não é mais o que era — ele é mais fácil de obter, mais difícil de utilizar e mais fácil de perder.

Pense, por exemplo, em ambientes onde relações de poder eram predominantes: salas de reuniões ou diretorias, palanques, conferências etc, a luta pela capacidade de influenciar a outra pessoa a fazer o que se quer continua tão intensa quanto antes, mas produz cada vez menos resultados no meio on-line. Cargos que antes detinham grande prestígio (e, consequentemente, poder), por si só, não mais atuam dessa forma. Por fim, pessoas em tais posições hoje enfrentam um número muito maior de adversários e restrições, afetando também seu poder de influência.

Junto a isso, há também o próprio caráter da globalização e do estreitamento das fronteiras graças ao uso da internet. Organizações pequenas não mais são reféns de seus próprios silos, podendo se expandir e operar ao nível internacional e ter repercussão global. O que passa a valer, portanto, não é mais o quão poderoso é ou não uma figura, mas o quão influente ela consegue ser nesse novo contexto.

Existem diversas pesquisas que tratam de observar como a influência opera dentro do meio digital e o quanto ela afeta as interações sociais on-line. Sinan Aral, em *The Hype Machine* [sem publicação no Brasil], separa a influência em dois campos: inferência causal (casualidade) e análise de conteúdo.

A inferência casual se trata de conclusões tiradas sobre uma razão de ligação com base nas condições da ocorrência de um efeito, ou seja, é a identificação da(s) causa(s) de um fenômeno por meio do estabelecimento de uma relação causa e efeito. Enquanto a análise de conteúdo parte de uma perspectiva quantitativa ao examinar numericamente a frequência com a qual a ocorrência de determinados termos, construções e referências aparecem em um determinado texto ou plataforma.

Para compreender melhor esses dois campos dentro das redes, pode-se adotar diversos conceitos dentro da Análise de Redes Sociais (ARS), uma ramificação da sociologia. Uma delas é o *Reflection*

Problem (problema de reflexão), muitas vezes entendido como uma pessoa vendo seu reflexo em um espelho, que surge na tentativa de prever o comportamento individual ao analisar a conduta do grupo que o indivíduo é membro. Outro conceito também muito utilizado no estudo de influência é a homofilia, que permite instruir-se diante das relações sociais ao mesmo tempo em que se identifica os atores que comportam semelhanças e diferenças entre eles. Em outras palavras, esses dois conceitos podem ser definidos como: pessoas conectadas em uma rede social tendem a fazer e a gostar das mesmas coisas aproximadamente de forma simultânea.

Como exemplo, Aral cita o ator Ashton Kutcher, que costumava dominar o Twitter na época de seu lançamento (2009–2010) chegando à marca de 1 milhão de seguidores. Hoje, quem está à frente dessa corrida é o ex-presidente dos Estados Unidos, Barack Obama (111.470.00 seguidores), em segundo lugar, a cantora pop Katy Perry (108.307.000 seguidores) e em terceiro, o cantor canadense Justin Bieber (107.671.000 seguidores) (KEMP, 2020).

Em 2009, ter aquela quantidade de seguidores era algo nunca visto. Muitos pensavam que o número de pessoas que seguiam a conta do ator necessariamente significaria que elas seriam influenciadas por ele. Essa é uma questão que ainda hoje assombra os analistas de rede social e as equipes de marketing que precisam achar formas de conferir valor ao trabalho feito dentro do meio digital. O pior disso é que não existe uma resposta certa: elas podem variar conforme o que se quer fazer.

O autor, quando pensou no conceito de influência social, a relacionou com os comportamentos de indivíduos que se conhecem e que, com base nessa relação mútua (relacionamento), mudam a probabilidade ou a extensão em que alguém se envolve com determinado material, produto ou serviço. Pegue o caso de um convite pessoal. Na ocasião em que convido alguém específico para se juntar a mim em um produto, isso cria uma externalidade da mídia social onde o valor do produto é maior para mim. Mas se for apenas uma pessoa aleatória em minha rede social, importo-me muito menos com o seu interesse e se ela está usando o produto ou não e, por isso, tê-la comigo on-line não aumenta tanto o engajamento.

Por isso, é comum que muitas lojas adotem estratégias onde escolhem um influenciador digital com extrema afinidade e abertura com o público-alvo desejado para fazer a propaganda. Esta é, na verdade, uma espécie de lei em uma teoria de longa data sobre as redes sociais humanas: *birds of a feather flock together* — aqui no Brasil, o equivalente poderia ser "farinha do mesmo saco" para se referir ao elo de personalidade de um grupo ou indivíduo. O filósofo Aristóteles discorria que as pessoas amam aqueles que são como elas (*Ética a Nicômaco*, 1934, p. 1371). E, antes disso, houve Platão, em seu diálogo *Fedro* (1969), que disse "similaridade gera amizade".

Portanto, a influência não necessariamente se relaciona com a quantidade de seguidores que você tem, mas trata-se realmente de uma interação ou ligação pessoal (em torno de interesses em comum) na qual pode resultar em uma ação ou mudança causada quando a pessoa se vê fazendo algo que não faria normalmente.

Isso significa que há um ciclo virtuoso entre a adoção de pares e o engajamento. Pois, se meus amigos estiverem usando um produto, a minha probabilidade de estar mais engajado com ele aumenta o meu interesse; e quanto mais envolvido, mais propenso fico a enviar notificações e convites para meus amigos, o que cria mais adoção de colegas e assim por diante.

Dessa forma, muitas empresas e donos de negócios aproveitam esse caráter especial das redes sociais para, por meio do *big data* e outras tecnologias de análise, estudar os dados massivos coletados de cada rede para entender como os indivíduos influenciam uns aos outros para fazer tudo, desde comprar um produto, votar em um candidato político diferente ou adotar um novo comportamento de saúde, como fazer exercícios ou comer de forma mais saudável.

Assim, ao entender como os comportamentos se espalham em uma rede social e, portanto, dentre uma população, pode-se, potencialmente, promover mudanças benéficas nos hábitos da sociedade como: promover exercícios, aumentar a produtividade, tolerância, ensinar responsabilidade financeira, conceitos de sustentabilidade, desenvolvimento econômico, entre outros. Do mesmo modo, seria possível conter outros hábitos e práticas nocivas como fumar, compartilhamento de seringas usadas, fraude, violência, ódio etc.

A ideia é que, à medida que as pessoas gostam e compartilham produtos, serviços, causas ou o que quer que seja, elas usam de sua relação com os amigos para enviar sinais sobre suas preferências e interesses, fazendo com que eles conheçam diferentes tipos de produtos e os conduzam a determinadas escolhas. Isso obviamente influencia os hábitos de compra e demanda de consumo, o que é muito interessante para as empresas e marcas, assim como afetam a participação eleitoral, a mobilização política e outros movimentos sociais.

Quando se pensa em Ashton Kutcher, influência se relaciona a quantos seguidores você tem. Certamente, o ator tinha uma grande audiência, mas ninguém fazia nada simples e puramente porque ele dizia. Isso não significa que os seguidores não sejam importantes, mas eles sozinhos não são o suficiente para realizar uma mudança de comportamento em um grupo.

A era digital traz consigo, ainda, um novo paradigma em relação à produção, na natureza do mercado em si, nos processos de produtividade e inovação, nas formas de entrega e até mesmo de pagamento. Essa velocidade das transformações digitais e tecnológicas não altera somente os relacionamentos humanos, mas também torna o processo de adaptação a uma inovação em algo caótico e desenfreado, aumentando o número de opções disponíveis no mercado e não dando tempo de novas ideias se estabelecerem e serem plenamente incorporadas. Por outro lado, há quem argumente que isso democratiza a introdução de alguma mudança e torna a competição futura cada vez mais desafiadora de uma forma positiva e saudável, instigando as companhias a sempre buscarem o melhor.

Mas a realidade é que tão logo uma novidade surge, ela é rapidamente substituída por outra superior e assim sucessivamente. Um exemplo prático dessa situação é a própria internet. Quando ela se tornou aberta a todos na década de 1990, um grande número de provedores surgiu no mercado, vendendo velocidades mais rápidas e melhores conectividades. Na época da internet *dial-up*, as empresas que podiam fornecer conexões fora das linhas telefônicas padrão se destacavam. Hoje, porém, todos têm internet de alta velocidade disponível. Com isso, as diferenças entre os provedores agora se reduzem meramente ao custo e, às vezes, ao atendimento.

Outro exemplo mais recente são as assistentes virtuais inteligentes como Alexa, Siri, Google Now, Cortana e tantas outras existentes no mercado. A primeira a ser implementada em *smartphone* foi a Siri, da Apple, em 2011. Logo depois, o Google lançou a sua versão com o Google Now (atualmente conhecido como Google Assistant) e logo atrás a Alexa, da Amazon, também surgiu.

Por meio da Inteligência Artificial, elas melhoram seus sistemas internos e sua compreensão quanto ao que as pessoas esperam delas, tornando-se verdadeiras auxiliadoras no dia a dia dos usuários. Em 2018, a empresa Loup Ventures testou três assistentes de voz: Alexa, Siri e Google Assistant com cerca de 800 perguntas para descobrir qual era a mais inteligente. Na ocasião, o serviço do Google se saiu melhor, respondendo uma porcentagem de 88% das perguntas de forma correta, enquanto a Siri (Apple) e a Alexa (Amazon) responderam 75% e 72,5%, respectivamente.

Figura 2: Adaptação da pesquisa conduzida pela Loup Ventures (KINSELLA, 2019)

A princípio, isso pode parecer bom, já que o mercado não fica refém de um só serviço, mas percebe-se uma tendência da Era Digital conhecida como comoditização da tecnologia. Ou seja, as inovações mais recentes perdem rapidamente seu brilho, seu quê de novidade, e se transmudam para a parte da vida cotidiana mundana onde são oferecidas em larga escala por diversos fabricantes e fornecedores a consumidores já saturados, tendo como diferenciação apenas um fator: o preço.

Basta pensar no mais novo lançamento de *smartphone*, ou então no novo console de videogame, ou no novo software de simulação de voo lançado pela Microsoft em agosto de 2020 para viagens sem a necessidade de sair de casa. Pareciam ideias realmente promissoras e inovadoras quando anunciadas, mas em questão de poucas semanas, há uma proliferação de produtos e bens similares e com os mais variados custos, que tornam esse caráter de algo novo mais distante da percepção da sociedade.

Isso resulta em um efeito dominó, onde há queda dos valores entre produtos semelhantes e mais concorrentes. O mesmo vale para diversos outros tipos de inovações. Tudo começa com o lançamento de uma novidade, algo que ninguém nunca viu e, posteriormente, outras empresas entram no mercado produzindo itens muito semelhantes e por preços diferentes, assim criando uma guerra de valores e um enfraquecimento da qualidade dos serviços, além de inibir ações genuínas de inovação que poderiam dar um fôlego ao mercado.

Muito embora a democratização das novidades e a disseminação de tendências originais seja positiva e valiosa para a produtividade e a geração de riquezas, só isso não basta para colocar a empresa em uma posição de vantagem. Veja ainda no caso das assistentes de voz. Quando a Apple lançou a Siri, abriu um novo mercado e por muito tempo dominou o segmento, mas após a entrada das novas assistentes, a empresa norte-americana teve que pensar em formas de se destacar e melhorar seus serviços porque o ineditismo de uma assistente que funciona por comando de voz por si só já não se sustentava.

Muitas empresas recorrem ao critério financeiro para justificar um ponto crítico de negociação. Segundo o livro *Newgociação: A Neurociência da Negociação,* escrito pelo coautor deste livro Yann Duzert junto a Monica Simioato, esse padrão financeiro entra em jogo quando a confiança e a neutralidade são necessárias para dar ao outro um sentimento de justiça. Afinal, para algumas pessoas, a preferência número um é serem tratadas de forma adequada, sem discriminação e, até mesmo, de uma maneira mais especial do que os demais. Assim, quando os "applemaníacos" realizam uma compra, eles não estão apenas comprando um aparelho celular ou um laptop, mas sim todo o peso de uma marca, tornando-se fiéis escudeiros dela por razões puramente afetivas.

Não é à toa que a Apple é considerada por muitos uma "marca do coração", isto é, uma marca que exerce um poder de fidelização do consumidor que vai além da razão. De acordo com a pesquisa *Valores humanos, tipo de julgamento e significado atribuído: uma análise do perfil dos usuários da marca Apple* (HAIDAR, 2011), os consumidores apresentaram uma menor preocupação com características voltadas ao preço e à assistência técnica e foram mais influenciados pela marca e pelo design do produto, desejando algum nível de prestígio social e motivados pela ambição. Os usuários da marca também mostraram uma tendência a valorizar menos aspectos como "conformidade" e "tradição", dando mais atenção aos "prazeres da vida".

W. Chan Kim e Renée Mauborgne, professores de estratégia do Instituto Europeu de Administração de Empresas (INSEAD) e diretores do Instituto de Estratégia de Oceano Azul, no livro *A estraté-*

gia do oceano azul (2005), afirmam que para escapar desse "oceano vermelho",[4] onde o mercado é totalmente comoditizado e com uma margem de lucro baixa, para um "oceano azul", em que a inovação é mais importante do que a concorrência, é necessário que se adote uma cultura de inovação, como citado no tópico "Amor, dinheiro e glória". Ou seja, é necessário que se estimule a adoção de práticas voltadas à inovação dentro e fora dos processos empresariais.

Isso pode ser feito de várias formas, afinal, a novidade pode partir de muitos lugares. Mas para otimizar recursos e tempo, é preciso analisar o contexto e os anseios dos consumidores em relação a um produto ou serviço. Sendo assim, ao criar mercados, em vez de seguir pelo caminho tradicional de superar a concorrência ou de seguir os mesmos passos já conhecidos, cria-se uma vantagem competitiva — a esta técnica Kim e Mauborgne deram o nome de "estratégia do oceano azul".

Existe, portanto, uma busca pela inovação de valor. As empresas precisam cada vez mais adotar uma tática logicamente diferente de abordagem convencional e criarem seus próprios critérios, após uma avaliação cautelosa do que gera valor ao cliente. Uma vez que, nos dias atuais, não basta apenas satisfazer seus compradores, é preciso encantá-los de alguma maneira, surpreendê-los para que possam ser fiéis escudeiros da marca. No caso da Apple, existe uma relação entre o status social que a marca confere; já o Google, é a praticidade e a conectividade de todos os sistemas em um só lugar e assim por diante.

Colocar em cheque novas tecnologias sem alinhar inovação com utilidade, preço e ganhos de custo é um equívoco. Em primeiro lugar, o consumidor precisa enxergar valor, entender quais são os benefícios de obter aquele produto ou serviço antes de efetivamente se dignar a comprá-lo.

No início da década de 1990, a Apple percebeu um grande aumento no número de músicas compartilhadas ilegalmente pelos internautas. As pessoas não queriam ter que pagar caro por um CD se só gostaram de uma ou duas faixas. Ao notar essa demanda, a empresa lançou o iTunes em 2003, disponibilizando faixas individuais para vendas com alta qualidade de reprodução, revolucionando o mercado e o jeito que as pessoas consumiam música e se relacionavam com a indústria musical. Em 2008, surgiu o Spotify, uma plataforma que por meio de algoritmos oferece um serviço de *streaming* de música e podcast personalizados, o que exigiu da norte-americana Apple uma mudança de estruturação, dado que o mercado e as exigências das pessoas mais uma vez foram alterados (SANTANA, 2020).[5]

O desfecho já se conhece: a comoditização da tecnologia. Inicia-se um movimento de declínio do uso desses serviços, impulsionados por uma saturação de disponibilidade de diferentes plataformas, preços altos e descentralizados. Isso ocasiona uma dispersão do público, que precisa escolher dentre milhares de assinaturas e acabam migrando para outras mídias de entretenimento, ou ainda, retornando a antigos hábitos, como o *download* ilegal de músicas e séries.

Para escapar dessa situação, essas empresas — e muitas outras — procuram formas de inovar e se diferenciar do melhor jeito possível, sempre de olho no comportamento e nos interesses do consumidor.

2.4 QUALIDADE DE VIDA E PRODUTIVIDADE: O EQUILÍBRIO É POSSÍVEL?

Há algum tempo, as organizações modernas já observavam um movimento no qual os indivíduos tentavam conciliar trabalho, lazer e aprendizado com aspectos da vida pessoal. Mesmo antes do contexto da pandemia da covid-19, uma variedade de negócios já vinha testando formas diferentes de trabalho em direção a esses interesses.

Empresas como a Deloitte e KPMG, por exemplo, oferecem semanas de trabalho de quatro dias com horários flexíveis, mas se mantêm na expectativa padrão de 40 horas semanais. Em entrevista para a Washington Post, Ellen Galinsky, presidente e fundadora da Families and Work Institute, afirmou que embora "muitas empresas falem sobre querer reduzir o horário, não parecem realmente inclinadas a fazerem isso" (TURNER, 2016).

Não obstante, o mundo corporativo testou aplicar uma série de concessões características desse modelo sob o pretexto de obter maior produtividade de seus funcionários e uma diminuição de custos fixos tanto por parte dos negócios quanto do tempo dos indivíduos, que seriam poupados do deslocamento (casa – trabalho) semanal. Além disso, com a redução desse tempo de trajeto, as pessoas teriam mais momentos de lazer e espaço para outras práticas diárias, o que melhoraria sua qualidade de vida.

Outra tendência que já vinha sendo testada era a adoção do modelo de *home office,* ou como também é conhecido: teletrabalho ou trabalho remoto. No entanto, algumas dessas mudanças, mesmo já antecipadas, foram aceleradas por conta do coronavírus e das medidas de segurança adotadas por muitos países.

Assim, visto que quase um quarto da força de trabalho dos Estados Unidos trabalha pelo menos parte do tempo de casa, as novas políticas adotadas às pressas diante de um contexto pandêmico deixaram muitas empresas e suas equipes operacionais trabalhando fora do escritório e separados uns dos outros por meses a fio pela primeira vez, de acordo com um artigo publicado na revista Harvard Business Review, em março de 2020 (LARSON; MAKARIUS; VROMAN, 2016). Apesar de corrido, as organizações sabem que se quiserem sobreviver no mercado atual e alcançar novos objetivos, precisam se adaptar rapidamente aos recentes modelos que surgem em velocidades crescentes.

A já mencionada Deloitte, na pesquisa *Futuro do Trabalho em Tecnologia* (2020), apontou um salto de 159% nos últimos 12 anos em relação à quantidade de pessoas que começaram a trabalhar remotamente no mundo todo. Isso acontece não só por uma mudança organizacional quanto aos moldes do trabalho em si, mas também graças a uma transformação das demandas exigidas aos profissionais de uma forma geral. Hoje, o funcionário é incentivado a buscar e a utilizar gradativamente mais o seu conhecimento teórico, especializado e abstrato, assim o valor deixa de estar associado à condição física, passando a focar nos aspectos mentais de cada colaborador.

Além disso, o avanço tecnológico facilitou ainda mais a adoção e a prática do trabalho remoto, permitindo que os profissionais pudessem exercer suas atividades do conforto do lar — ou onde quer que estejam — a qualquer momento. Ferramentas como o Teams ou o Zoom e tantas outras abrem um mundo de possibilidades e nos enchem de expectativa quanto a diversas inovações, como a tecnologia 5G e a realidade aumentada e o que elas poderão fazer para melhorar ainda mais a nossa presença virtual e a organização das rotinas de trabalho.

Por conta desse caráter tecnológico, argumenta-se que algumas dessas tendências, especialmente o *home office,* permanecerão mesmo após a retomada às atividades normais. Por isso, muitas empresas apostam na eficácia desse modelo diante de suas culturas organizacionais e dinâmicas mercadológicas. Nesse sentido, muitas pesquisas estão sendo conduzidas, aproveitando-se do caráter emergencial no qual a transformação aconteceu, para pôr à prova os efeitos do *home office* nos processos empresariais.

No gráfico a seguir, vemos que o *trabalho remoto* se mostrou de fácil adaptabilidade e aderência, resultando em altos níveis de produtividade, tendo a empresa adotado ou não a cultura do *home office.* Ele é parte do estudo *Os efeitos do home office integral na produtividade durante o cenário COVID-19*, que entrevistou cerca de 1.071 profissionais em maio de 2020, desenvolvido pela Fundação Dom Cabral e a Talenses Group.

Foram analisadas as dimensões da produtividade no contexto relacionado à infraestrutura e dinâmica do profissional dentro de sua própria casa. Dessarte arrisca-se a dizer que, quando bem executado, esse tipo de modelo laboral traz uma série de vantagens tanto para as empresas que o adotaram quanto para os profissionais.

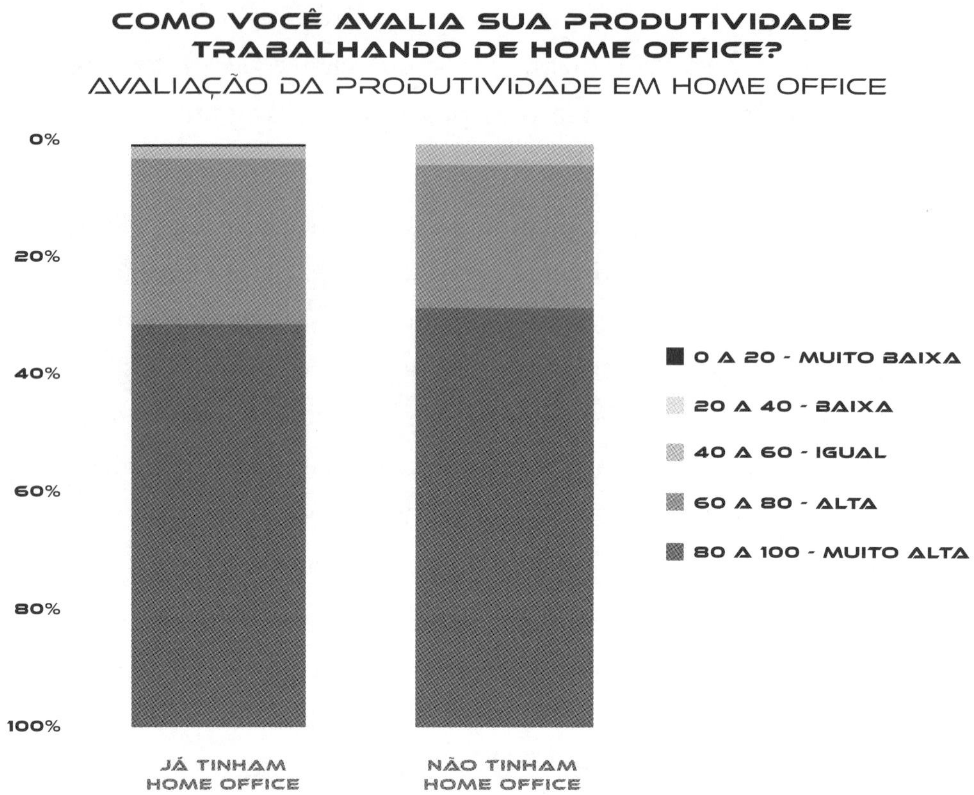

Figura 3: Adaptação da pesquisa conduzida pela Harvard Business Review Brasil (FERREIRA; NICIDA; VALENTE, 2020)

Nesse sentido, culturas organizacionais, como as mencionadas no tópico "Amor, dinheiro e glória" e que estão orientadas à inovação, possuem mais facilidade na implantação de processos remotos. Por outro lado, podemos observar nas culturas mais conservadoras quatro grandes desafios que impactam no reconhecimento de qualidade dessa prática: times sem identidade, falta de senso de pertencimento, problemas com estabelecimento de processos e comunicação, além de problemas de relacionamento em função da interpretação de mensagens trocadas em meio a ferramentas de trabalho remoto.

Uma forma de contornar grande parte desses problemas é levar como valores o respeito, a consideração e a empatia. Com isso, há uma tendência de que as pessoas permaneçam vinculadas a uma empresa, parceiros ou grupos pelo caráter da glória, já mencionado anteriormente neste livro. Antigamente, era comum que empresas adotassem uma postura similar à de jogadores de futebol: se um membro não jogasse bem ou estivesse cansado, trocava-se por outro melhor. Afinal, caso estivesse doente, sua performance era medida em função da doença e o gerente de Recursos Humanos o "queimava".

Nas organizações modernas, vê-se uma mudança quanto a esta mentalidade e uma maior valorização dos relacionamentos. Modernamente, as pessoas não são mais tratadas como objetos descartáveis, pelo contrário, elas passam a ser um ativo muito importante. Nesse sentido, vemos um maior movimento em prol do profissional, respaldado com planos de prevenção, antecipando quadros críticos de saúde e de adoecimentos.

Se um funcionário está deprimido, por exemplo, já não é mais posto de lado. As empresas assumem o compromisso de ouvi-lo, e o contexto é a recuperação da fé, da motivação e do entusiasmo pela vida e pelo trabalho, culminando na corresponsabilidade. Logo, a empresa entende que caso um colaborador esteja deprimido ou com problemas de produtividade, conclui que isso é um problema de todos, e não procuram por culpados ou bodes expiatórios como solução.

Ainda assim, é um momento novo e como toda transformação, requer um período de adaptação, de concessões dos interesses e de superação de desafios e obstáculos. O *home office* exige dos líderes e gestores de um negócio um maior empenho quanto a construção do relacionamento com os seus colaboradores, no sentido de que ela deve se pautar em uma série de acordos que vão desde o fluxo e os tipos de comunicação, entregas com *briefing* bem estruturados, visibilidade do que está sendo feito até maior encorajamento e apoio emocional.

Daniel Goleman, considerado o pai da inteligência emocional, pesquisador de Harvard e professor do MIT, vê o papel do líder como o principal fator de impacto em um trabalho em equipe. Portanto, uma boa liderança pode seduzir, energizar, envolver, motivar e, ao longo do tempo, evitar a geração de fins nos relacionamentos afetivos ou de alternância de recursos humanos. Com o isolamento social, essa figura ficou mais fragilizada, uma vez que não há mais aquela proximidade. Além disso, há uma alteração quanto a fronteira entre a vida pessoal e o trabalho, por isso é necessário restabelecer esses pontos, especialmente quando pensamos na gestão do tempo, da comunicação e das demandas.

Por conta disso, sentimentos como a perda de identidade de um grupo ou uma associação e a falta de senso de pertencimento se fazem presentes em muitas empresas que não possuem uma cultura inovadora ou que ainda não entenderam muito bem as recentes regras do jogo. O que vemos como resultado é uma bola de neve: se um funcionário está se sentindo assim, torna-se menos feliz e sua produtividade cai, em consequência, sua habilidade de lidar com o estresse no dia a dia de trabalho é prejudicada, o que pode acabar levando-o a um cenário onde a demissão é a única alternativa.

Não pertencer ou não se enxergar dentro daquela organização impacta diretamente nos sentimentos de segurança e valorização de cada um em relação a empresa. Isso pode ser ainda mais agravado com o uso das tecnologias, que despersonaliza a interação.

De uma forma geral, a comunicação com mediação tecnológica causa níveis mais altos de conflito afetivo. De acordo com *The Digital Workforce and the Workplace of the Future*, escrito por Amy Colbert, Nick Yee e Gerard George, os funcionários que trabalham à distância passam mais tempo processando e-mails e mensagens em aplicativos, trazendo um maior nível de sobrecarga no emprego, uma dificuldade no entendimento a respeito do trabalho que deve ser realizado e piores interações entre os membros da equipe. Com isso, muitos gestores precisam aprender novas habilidades de comunicação para evitar que os membros de suas equipes se sintam isolados ou desgastados.

Apesar de uma rápida adaptação por parte das empresas de todos os setores a esse vigente modelo de trabalho, ainda temos um longo caminho pela frente, cheio de obstáculos e surpresas. Como agravante, estamos vivendo um momento único e extremamente delicado onde há um sentimento de exaustão cognitiva e emocional que não pode ser ignorado e que afeta o equilíbrio entre a vida profissional e pessoal.

Para que essa adoção seja mais proveitosa tanto para as empresas quanto para o indivíduo em si, os gestores e líderes de negócios devem considerar cada oportunidade de aprendizado, sempre respeitando e preservando a qualidade de vida de seus funcionários e colaboradores. É importante que acordos sejam estabelecidos e a performance seja medida conforme as entregas, tornando-se menos voltada para o controle de tempo.

CAPÍTULO 3

A TECNOLOGIA COMO PONTE PARA A NEGOCIAÇÃO

A SEGUIR, SERÃO APRESENTADOS SETE CASOS QUE MOSTRAM o potencial da adoção de tecnologias digitais como chave para sofisticar os processos de negociação de uma companhia. Independente da natureza do método de negociação ou dos *stakeholders* envolvidos, as inovações tecnológicas têm se mostrado eficazes no movimento de reconstrução das relações entre as empresas, seus fornecedores, seus parceiros e seus clientes frente a dificuldades impostas por cenários adversos, como o vivido durante a pandemia da covid-19. Mesmo com as limitações já listadas anteriormente, a tecnologia ajudou as empresas dispostas a buscar soluções para trilhar possíveis caminhos em meio à incerteza.

3.1 BANCO CARREFOUR: INTERAÇÕES PERSONALIZADAS E EMPATIA NOS PROCESSOS DE NEGOCIAÇÃO

O braço financeiro do Grupo Carrefour apostou em tecnologia e inovação para aprimorar a metodologia de negociação com seus clientes endividados. Em parceria com uma *startup*, desenvolveu um sistema que utiliza Inteligência Artificial para negociar com os clientes de forma que personalizasse e humanizasse o atendimento.

Nem uma *fintech,* nem um banco tradicional. O Banco Carrefour tem se posicionado cada vez mais como uma *fintail*, termo derivado da junção das palavras *fintech* e *retail,* uma organização financeira cujo objetivo é atender as demandas dos clientes de uma estrutura varejista. Dessa forma, apresenta-se como o único banco próprio de uma varejista brasileira, o Grupo Carrefour Brasil, que chegou ao país há mais de 40 anos com a abertura do primeiro hipermercado brasileiro em São Paulo.

A oferta primária de opções de crédito e financiamento aos clientes veio em 1989, com o Cartão de Crédito Carrefour. Mas o caminho que levou o grupo ao Banco Carrefour começou oficialmente em 2005, quando a administradora de Cartões de Crédito do Carrefour foi autorizada pelo Banco Central a atuar como uma instituição financeira. Em 2011, o banco entrou para o maior conjunto financeiro da América Latina, após a aquisição de 49% das ações pelo Itaú e, em 2020, recebeu a autorização do Banco Central para operar como banco múltiplo. Desde então, vem operando como uma organização com forte vocação digital e uma sólida cultura de inovação. Hoje, o banco é um dos maiores emissores de cartão de crédito do país e oferece serviços variados e produtos financeiros, tendo como foco transformar oferta de crédito em qualidade de vida e serviços financeiros em experiências.

Nesse contexto, surge um projeto que transforma conceitos e paradigmas a respeito da negociação, introduzindo novas abordagens e perspectivas inovadoras, na forma como a instituição lida com esse cenário de inadimplência em um esforço para obter melhores resultados. A ideia era fazer que, com o auxílio do uso da Inteligência Artificial, todo processo de negociação pudesse ser ainda mais eficiente. A chave, então, era realizar o tratamento dos clientes de maneira mais humana.

Em meados de 2021, a empresa lançou um novo desafio para a sua equipe: o de modernizar o setor de cobranças do Carrefour de modo não só a aumentar o número de pagamentos de parcelas atrasadas, como também de fazer isso de uma forma que o cliente não se sentisse constrangido e fechasse a sua conta logo após quitar a sua dívida. Em outras palavras, um desafio cirúrgico de negociação. Ainda mais considerando a conjuntura econômica brasileira na ocasião. Em meio à pandemia, o percentual de famílias com dívidas a vencer aumentou 4,4 pontos percentuais com relação ao ano anterior, alcançando a média de 70,9% das famílias brasileiras, segundo a Pesquisa de Endividamento e Inadimplência do Consumidor (PEIC), apurada pela Confederação Nacional do Comércio de Bens, Serviços e Turismo. A proporção foi a maior registrada em 11 anos e continua crescendo em 2022. Em julho, esse percentual atingiu a marca recorde de 78% dos lares brasileiros.

Em resposta a esse desafio, foi construída, por meio de uma parceria com uma *startup* de Inteligência Artificial e gamificação, Meu Acerto. Inicialmente batizada de "cobrança do futuro", a solução era simples: em vez de um operador ligar para um cliente devedor e fazer uma proposta de pagamento, um caminho convencional nesse ramo de negócio, esse mesmo cliente receberia a ligação de uma máquina, que perguntaria quanto ele poderia pagar e de que forma ele gostaria de quitar sua dívida. Assim, os clientes passaram a fazer propostas, e o controle do processo de negociação, que usualmente fica com os credores, foi compartilhado com os devedores. Ou seja, as duas partes passaram a ter um manuseio mais equilibrado no processo de negociação.

Alguns meses após o início da atividade, a equipe de inovação enumerou pelo menos duas conclusões a respeito do resultado obtido pela proposta. A primeira foi que o fato de o negociador ser uma máquina, e não um ser humano, diminuiu o constrangimento da pessoa endividada nessa primeira abordagem. E isso fez com que a experiência do cliente fosse menos traumática. A segunda foi que as negociações entre homem e máquina se mostraram mais eficazes, podendo ser verificado por meio de três variáveis: o número de propostas de quitação de dívidas negociadas têm sido maior desde que o plano foi implementado; o número de propostas honradas cresceu 50% em relação aos acordos firmados da maneira antiga, que eram mais impositivos e verticalizados; e os clientes acabaram pagando no final da negociação uma quantia de 12 a 15% maior do que na época em que as transações eram feitas da maneira convencional. Isso acontece porque, atualmente, é o cliente quem faz as propostas de valor a serem quitados e ele desconhece completamente o valor mínimo que havia sido estabelecido inicialmente para a quitação da sua dívida.

Mas o que mais chama atenção nesse caso é o paradoxo de como uma relação entre um homem e uma máquina pode ser mais humanizada do que entre dois seres humanos. Nesse quadro em específico, a resposta parece estar no fato de a Inteligência Artificial ser programada para "ouvir" de modo criterioso as possibilidades de todo cliente, tratando-os como indivíduos diferentes uns dos outros.

O superintendente de Retenção e Produtos Financeiros do Banco Carrefour, Thomas Merodak conta, que nunca se falou tão pouco de *clusters*[1] ou de perfis pré-definidos internamente. "Antes, havia 27 opções de parcelamento e de negociação, mas a empresa não parava para perguntar para os clientes: 'Quanto você pode pagar? O que é bom para você?'. A partir do momento em que o interlocutor tem voz para dizer o que é melhor para ele, ele se torna único."

É sempre bom lembrar que este é um contexto delicado por duas razões. A primeira é que o endividamento registrado em 2022 foi o maior dos últimos 12 anos, fazendo com que 8 a cada 10 famílias estivessem inadimplentes, segundo a Confederação Nacional do Comércio. Sendo assim, um reflexo dos tempos difíceis impostos, entre outros fatores, pela pandemia do Coronavírus. Isso fez com que o brasileiro, apesar da vontade de quitar as suas dívidas, não pudesse prever a renda que ele teria nos meses subsequentes à negociação. A consequência disso, de acordo com o próprio banco, foi um percentual maior de quebra de contratos e uma frustração grande por parte do cliente.

A segunda é que essa não se trata de uma negociação de venda, quando o consumidor está satisfeito pela aquisição de um produto ou serviço. O cenário se torna muito mais complexo no momento em que tratamos da negociação de uma dívida, que inspira mais sentimentos negativos do que positivos, como a frustração de não poder pagar uma conta. Saber tratar essa pessoa como um ser humano individualizado, nem que seja utilizando um robô, parece ter sido uma das chaves do sucesso.

Mas isso quer dizer que as máquinas podem substituir os homens nas negociações do futuro e tudo o que falamos sobre a importância da fala, da voz, da linguagem corporal, dos protocolos de comportamento neste livro podem se tornar obsoletos? A resposta é não. Eles se transformam, como mostra o caso do Carrefour, em complementares. O banco da rede de varejo ainda manteve uma parcela dos seus operadores para entrar no momento em que os robôs chegassem às suas limitações. Esse setor funciona como um canal suplementar que é acionado quando o cliente já fez todas as simulações, mas não fechou o acordo. Nessa hora, um operador liga para o cliente para perguntar se ele quer tirar alguma dúvida que tenha restado.

A iniciativa trouxe benefícios não só financeiros, mas também de qualidade de vida para os seus operadores, já que as máquinas podem tomar conta de um fluxo que é passível de automatização e realizar os processos mais repetitivos, enquanto os seres humanos se concentram num atendimento mais estruturado e inteligente. Em resumo, o agente se encarrega somente de uma das etapas, em vez de ter um tempo limitado para dar conta de todas elas.

"Antigamente, um operador tinha cinco minutos para fechar uma negociação. No quarto minuto, ele já estava desesperado. A partir do momento em que eu tiro os quatro minutos iniciais de uma etapa que você consegue automatizar com um *bot,* eu foco o meu funcionário naquilo que é humano, eu o foco naquilo que é relevante no processo de negociação. O importante é extrair dele o que a gente não consegue substituir, o olho no olho", diz Merodak.

É interessante notar também que mesmo com essa multiplicidade de canais à disposição para a negociação, a confiança, seja ela no ser humano, seja ela nas interações centradas na tecnologia digital, continua sendo um fator fundamental para o sucesso. Num passado não muito distante, as pessoas obtinham inúmeras informações e faziam simulações pelos meios digitais, mas na hora de fechar um negócio, elas recorriam ao ser humano, porque a confiança estava na palavra. Em meio à atual crise de convicção em que vivemos, é possível observar alguns movimentos contrários: o cliente busca o humano para entender os meandros do contrato, mas sabe que o canal digital é tão preciso que muitas vezes prefere fechar o negócio no ambiente on-line mesmo.

Por entender que os dois lados dessa moeda são importantes e adicionais, o Banco Carrefour não trabalha mais com metas separadas, mas com taxas de sucesso. O cliente que estava buscando uma solução, conseguiu encontrá-la? Se isso foi feito por meio do canal humano ou do digital, pouco importa. O essencial é que ele tenha tido uma experiência positiva. "Pela primeira vez, a gente para de ver a cobrança somente como a resolução de um problema e começa a vê-la como uma maneira de discutir a experiência do cliente, a redução do esforço do operador, a emoção do consumidor dentro daquela negociação", diz Merodak.

Outro fator importante nessa conta é que os empresários perceberam que o ponto de um cliente permanecer com um certo produto não é necessariamente um sinal de sucesso. Muitas vezes, a permanência vem como o resultado frustrante de uma tentativa de cancelamento que se tornou demasiadamente complexa. Ou seja, o cliente simplesmente desistiu, sem resolver seu transtorno e sem criar uma emoção positiva, estando essencialmente em discrepância à satisfação do consumidor.

O *Head* de Inovação do banco, Charles Schweitzer, lembra que, além do cliente que abandona a negociação por cansaço, também é muito comum o caso do consumidor endividado que entrava para uma lista negra e dificilmente saía dela. Nessas condições, os clientes acabam marginalizados pela sociedade de crédito. Schweitzer explica que, por meio desse novo método de negociação utilizando a Inteligência Artificial, o que o banco almeja não é somente fazer a cobrança, e sim trabalhar pela retenção do mesmo, reintegrando-o ao ambiente de crédito a partir do momento em que ele faz um acordo.

Para que tudo isso funcione, o próprio Carrefour acabou forçando outras negociações internas, começando pelo setor de inovação do banco. Contratado em 2019 para liderar essa seção, Schweitzer colocou em prática uma série de processos mais horizontalizados a fim de descobrir que iniciativas e *startups* seriam mais aptas para trabalhar com o Grupo Carrefour. Tais medidas englobaram desde a maneira como as decisões eram tomadas até os próprios contratos, que de gigantes e cheios de jargões em latim passaram a ser documentos mais curtos, com iconografias que explicam cada cláusula. Um processo de negociação do começo ao fim.

3.2 VIBRA CO.LAB: PARCERIAS PARA UM MUNDO EM TRANSFORMAÇÃO

Se por um lado a comunicação mediada pela tecnologia digital pode eventualmente subtrair alguns elementos importantes para os processos de negociação, por outro, ela pode ajudar a encontrar soluções que fortaleçam as relações em ecossistemas de negócios complexos, como o que está inserida a Vibra Energia, maior distribuidora de combustíveis do país. Com um processo reconhecidamente bem-sucedido de transformação digital, a antiga BR Distribuidora investe em tecnologia e inovação para se preparar para os desafios que se apresentam em um mundo cada vez mais heterogêneo. Dentro disso, lançou, em 2021, um *hub* de inovação para habilitar conexões com *startups* e *scale-ups* em temas como mobilidade, conveniência, novas fontes de energia e outras tecnologias emergentes. Com a consolidação de iniciativas de novidades abertas que começaram a ser costuradas anos antes, o Vibra Co.Lab é resultado da evolução dos processos de negociação entre a empresa e seus parceiros.

Em termos práticos, aumentou a agilidade dos meios colaborativos, proporcionando uma nova dinâmica que simplifica e barateia os seguimentos e que é mais adequada à velocidade das demandas no mundo digital. Isso porque confere mais equilíbrio às tratativas que constroem relações entre os parceiros. Dessa forma, o Vibra Co.Lab nasceu com mais de trinta *startups* conectadas aos negócios da empresa e um diretório com mais de cem empresas cadastradas, representando exponencialmente esse número em oportunidades de negócios.

Criada no início dos anos 1970, a Petrobras Distribuidora S.A. se firmou já com 21% do mercado brasileiro de distribuição de combustíveis. Em pleno milagre econômico, com o PIB do país crescendo a taxas superiores a 10% ao ano e o consumo interno de derivados de petróleo impulsionado, recebeu os 840 postos de combustíveis já existentes no Brasil com a bandeira Petrobrás, empresa da qual era subsidiária.

Em 2017, quando abriu seu capital na Bolsa de Valores, era a segunda maior empresa brasileira em faturamento, segundo a revista Exame. Em 2021, já consolidada como uma *corporation*, passou por um processo de *rebrand* e assumiu a nova identidade, posicionando-se no mercado como uma plataforma de multienergia. Dessarte passou a se apresentar como uma nova companhia que havia sido gerada com 50 anos de experiência e tradição. Conforme a empresa, a renovada marca iria valorizar não apenas o caminho percorrido nas últimas décadas, mas também o esforço em seguir um atual direcionamento, evidenciando o processo contínuo de evolução da organização dentro do contexto da transição energética. Uma jornada rumo à economia de baixo carbono, comprometida com a agenda ESG[2] e com a criação de valor para a sociedade e para os investidores.

Licenciada da marca Petrobras, hoje está presente nos 26 estados brasileiros e no Distrito Federal, formando uma rede com 8,3 mil postos de combustíveis. As franquias da Vibra Energia para o segmento são as lojas de conveniência BR Mania e os centros de lubrificação automotiva Lubrax+. Tem ainda cerca de 18 mil clientes em segmentos como indústrias, transportadoras, usinas termelétricas, agricultura e aviação, além de 95 bases de armazenamento, tem quase 100 postos de abastecimento em aeroportos brasileiros, 13 depósitos e uma fábrica de lubrificantes.

No início de 2022, a empresa adquiriu 50% do capital da comercializadora de energia Comerc, tornando-se a maior do país em volume de energia e em número de consumidores. Somados, os volumes transacionados pelas duas empresas no ano anterior alcançaram 2,4 GW, ultrapassando o primeiro lugar. Além disso, elas somam juntas 3.620 pontos de consumo, assumindo a liderança entre as comercializadoras também neste quesito. Em julho, assinou contrato para aquisição de 50% do capital social da ZEG Biogás e Energia S.A., que produz biocombustível com alto padrão de qualidade, vendido com a marca Gasbio, capaz de substituir o uso de combustíveis fósseis, tais como gás natural, diesel e GLP, em indústrias e veículos, principalmente frotas pesadas.

Estruturado e apresentado logo depois da renovação da companhia, o Vibra Co.Lab pode ser entendido como um moderno passo na jornada de inovação e transformação digital da Vibra Energia. O *hub* unifica os esforços da companhia em *open innovation* e disseminação do intraempreendedorismo na organização. Sua criação veio acompanhada do anúncio de que a empresa tinha a expectativa de investir entre R$ 140 e 160 milhões em diferentes domínios de remodelação. Parte do plano foi efetivada menos de um ano depois. Em julho de 2022, a empresa criou um Corporate Venture Capital (CVC) para investir em *startups* e *scale-ups*, disponibilizando R$ 90 milhões inicialmente. Seguindo o posicionamento estratégico adotado pela empresa, a iniciativa mirou em oportunidades e tecnologias diferenciadas complementares à área de atuação da instituição ou ainda de novos negócios, produtos e serviços. Segundo Aspen Andersen, Vice-Presidente de Inovação e Tecnologia da Vibra, a ideia é estimular o empreendedorismo em áreas como transição energética, mobilidade, conveniência, varejo e meios de pagamentos por meio de apostas graduais, com a participação minoritária em algumas *startups*, por exemplo, em busca de caminhos alternativos que possam ir ao encontro dos anseios do mercado e da sociedade.

A inovação aberta, aliás, tem se mostrado um dos braços atuantes e fundamentais no avanço do processo de transformação digital da companhia. Presente em um mercado que experimenta a maior transformação de todas já vistas em mobilidade, pautada pela transição energética e neutralização de carbono, a companhia tem o desafio de levar a cultura de inovação para todos os campos da empresa. Dessa forma, o time de inovação trabalha para estabelecer conexões que permitam chegar a soluções rápidas de problemas do dia a dia de diversos setores.

Nesse sentido, segundo a empresa, o *hub* tem um papel central de negociação, buscando entender as necessidades internas da companhia, as demandas dos clientes e da sociedade e, simultaneamente, procurando respostas junto às empresas parceiras. Isso tudo converte-se em um esforço para conectar as contradições dentro e fora da empresa e identificar problemas e apontar soluções que ninguém conseguiu enxergar. Para isso, exige um olhar que consiga se atentar aos contratempos e à própria companhia, de forma ampla, caracterizando cada etapa de sua evolução. “Entendo que, de alguma forma, nosso *hub* de inovação conversa com essas novas formas de se relacionar, de negociar, de viabilizar novos negócios e de atender ao mercado e à sociedade”, avalia o executivo. “Sendo assim, o primeiro ponto que vale ressaltar é que a empresa acredita muito nessa lógica da inovação aberta. Por melhores que sejam, e são, os 3.400 colaboradores que a Vibra tem hoje, não faz nenhum sentido se limitar a esse número. Mas é preciso ter competência para conectar essas capacidades que temos internamente com as que não temos, ou mesmo com as que nem sabemos que precisamos. Isso porque o modelo tradicional, no qual você começa a desenvolver uma capacidade internamente a partir do momento em que identifica que precisa dela, não cabe no mundo acelerado em que vivemos. Isso demanda um tempo que não temos mais. Por isso acreditamos muito nesse processo e já temos evidências de que é possível trabalhar com parceiros nessa construção de futuro."

As evidências mencionadas por Andersen começaram a surgir já na primeira experiência de inovação aberta testada pela organização, que já havia apontado a necessidade de estruturar a inter-relação entre as áreas de negócio da empresa e entre o mercado, considerando o que queriam os clientes, os parceiros e os fornecedores. Evidências que vêm sendo colecionadas desde o primeiro *hackathon*[3] do qual a empresa participou, em 2017. "Na época, nem pensávamos de uma forma tão organizada, mas foi possível construir uma esteira para entender que é preciso capturar pessoas e soluções de fora para fazer frente aos desafios. Tínhamos ali jovens de 17, 18 anos, que não tinham nem carteira de habilitação, nos dizendo como a experiência em um posto de serviço poderia ser melhorada com a tecnologia", conta o executivo.

A experiência gerou um programa de identificação de *startups* alinhadas com os principais negócios da companhia. Iniciou-se ali, também, uma parceria citada como um exemplo do modo em que esse relacionamento pode ser benéfico não só para as empresas, mas também para a sociedade. A parceria com a *startup* Hangarar possibilitou o desenvolvimento de um aplicativo voltado para o mercado da aviação executiva, o Beyond, recém lançado pela empresa. A ferramenta oferece um serviço *one-stop-shop* para os pilotos, permitindo que eles tenham acesso aos diversos documentos da jornada do voo, como histórico de abastecimentos e consultas de débitos, além de contratar variadas infraestruturas de prestadores especializados de todo o Brasil e até compensar a emissão de carbono expelida pela aeronave. Foi desenvolvida a partir dos dados coletados por meio de uma versão anterior, o App Hangarar, após mais de 2.500 abastecimentos com a BR Aviation, braço da Vibra Energia que comercializa combustível de aviação.

Outro exemplo de parceria bem sucedida foi a firmada com a EZVolt, *startup* com uma das maiores redes de recarga elétrica no Brasil e a primeira a atuar no conceito de *charge as a service* no país. A Vibra fez um aporte inicial de R$ 5 milhões na *startup*, que podem ser convertidos em participação na sociedade. Uma iniciativa que marca a entrada dela no ecossistema de eletromobilidade, na direção estratégica de desenvolver a principal rede de recarga de veículos elétricos no país em sua rede de postos urbanos e rodoviários, bem como oferecer soluções dedicadas a frotas, estações públicas, estabelecimentos comerciais e estacionamentos.

A *startup* já opera em 9 estados do Brasil (Bahia, Ceará, Minas Gerais, Paraná, Rio de Janeiro, Rio Grande do Sul, São Paulo, Pernambuco e Distrito Federal), atendendo frotas corporativas e veículos de passeio. Em sua própria rede de eletropostos, os clientes conseguem fazer a recarga com experiência integrada, efetuando o pagamento pelo serviço diretamente via aplicativo móvel, um diferencial até então no mercado brasileiro.

A empresa, no entanto, também está preocupada em fomentar dentro de si um ambiente favorável à inovação. "Fizemos um movimento interessante com o mercado, mas é preciso também capacitar os talentos internamente. Não podemos, ou não deveríamos, perder talentos que querem criar negócios fora daqui", pondera Andersen. "Não precisamos obrigar as pessoas a inovar, mas precisamos dar a permissão para inovarem. Pois se há algum de nós que vê necessidade de transformação na companhia, por menor que seja, ela precisa encontrar um caminho pavimentado para poder impactar o negócio. E o *hub*, de certa forma, facilita esse movimento", explica.

Uma lógica que conecta a modernização à estratégia da empresa, que faz do *hub* uma plataforma que facilita a relação entre a empresa, seus colaboradores, seus clientes e seus parceiros, é a tecnologia como meio facilitador da comunicação e da negociação de demandas e interesses. Nesse cenário, as tecnologias digitais atuam para facilitar a comunicação e promover a transparência das relações entre os *stakeholders*, garantindo a confiança necessária para a efetivação dos processos de inovação aberta. Qualquer processo de negociação passa a ser ancorado em uma avalanche de informações públicas que apontam se as duas ou mais empresas estão alinhadas taticamente.

Um ano depois de sua criação, o Vibra Co.Lab tem 49 *startups* em operação e mais de 300 empresas cadastradas, além de parcerias institucionais como a Endeavor, o MIT Reap, o IBI-Tech e o ACE Cortex, visando ampliar e facilitar a conexão com todo o ecossistema de inovação.

Outro avanço importante dessa nova lógica é o ganho em agilidade dos processos colaborativos. Ao contrário do que acontecia no passado, quando qualquer mudança requeria tempo e certeza, a falta de rapidez tornava os processos mais complexos, caros e cansativos. Por outro lado, essa nova dinâmica se adequa à velocidade das demandas no mundo digital, pois possibilita um equilíbrio nas negociações que constroem relações entre os parceiros. Com isso, é possível estabelecer uma associação duradoura na qual todos os parceiros se beneficiam, mas que não seja tão longa a ponto de não oferecer uma saída em caso de uma mudança brusca de cenário. Logo, visa-se um equilíbrio capaz de manter ambas as partes envolvidas motivadas em busca do melhor para o ecossistema em que estão inseridas.

3.3 GENERALI: LIÇÕES DA REESTRUTURAÇÃO E COMO SE BENEFICIAR DE UM CONTEXTO ADVERSO

Visando contornar uma crise que assolava a companhia desde 2005, a multinacional italiana Generali, especializada em seguros de vida, adotou uma política de transformação digital antes da pandemia, que acabou vindo muito a calhar durante os anos de *home office* provocados pela covid-19. Com muitos processos de negociação de todos os lados, conseguiu concluir projetos complexos inteiros, executados inteiramente à distância.

Terceira mais antiga a ser fundada nesse ramo no mundo todo, atrás apenas da Allianz e da Axa, a Generali nasceu em 1831 em Trieste, cidade espremida entre o mar Adriático e os Alpes Dináricos, e mostrou rapidamente a sua vocação expansionista: apenas um ano após a sua fundação, já possuía um escritório em Bordeaux, na França. A chegada ao Brasil aconteceu quase um século mais tarde, em 1925, e conferiu à Generali o título de primeira seguradora multinacional a aportar no país.

Essa tradição, porém, não impediu a empresa de se manter moderna. A Generali foi a primeira companhia a vender seguros à distância na Itália, ainda em 1994, quando a internet ainda estava em seus primórdios e o cenário corporativo era bem diferente do que vivemos hoje. Essa visão do futuro, combinada a uma história sólida e centenária, deu à multinacional o posto de "melhor grupo mundial de seguros", conforme uma lista elaborada em 2019 pela Forbes em colaboração com a Statista (líder em análise de mercado e consumo global). Hoje, a Generali possui mais de 75 mil funcionários em 50 países, onde cuidam das apólices de seguro de mais de 67 milhões de clientes.

Uma decisão que poderia parecer premonitória — mas que tinha muito mais de observação, preparação e casualidade do que de achismo e instinto no seu escopo — fez com que a difícil fase de adaptação do começo da pandemia de covid-19 fosse vivida sem muitos tropeços pelos funcionários da Generali no Brasil. O braço local da multinacional italiana vinha acumulando muitas dificuldades e prejuízos sucessivos desde 2005. Em 2017, um novo projeto de modificações, que consistia em deixar a área de automóveis e investir em seguros de vida, prioritariamente, foi desenhado. Fazia parte dessa mudança estratégica uma digitalização massiva, iniciada ainda em 2018. Sem nem imaginar um cenário de pandemia, a empresa concebeu um plano para colocar 25% do seu pessoal efetivo para fazer *home office* num primeiro momento e 50%, num segundo, ainda em 2020. A transformação digital que fazia parte de uma diretriz mundial da companhia foi planejada, entre outras razões, para se adequar aos desafios das vendas de seguros pela internet. Graças aos processos implementados, a Generali estava preparada desde o final de 2019 para colocar 100% dos seus empregados, incluindo um *call center* inteiro, para trabalhar remotamente. Em outras palavras, ao passo que a pandemia obrigou o mundo a desacelerar, fazendo com que os escritórios fechassem suas portas, a Generali já estava com todas as bases prontas para fazer com que seus funcionários pudessem operar de casa.

O Vice-Presidente de Tecnologia, Operações e Sinistros, Alexandre Muniz, conta que antes mesmo dos primeiros casos de coronavírus, a Generali Brasil já tinha, por exemplo, um número de VPNs (serviço que protege a conexão de internet e privacidade online) suficientemente grande para permitir que trezentas pessoas estivessem conectadas de modo simultâneo. Com um *call center* físico considerado caro funcionando em São Paulo, a ideia da empresa, na época, era mudar os seus operadores para o Rio de Janeiro e abrir núcleos virtuais em certos locais do país. Isto é, enquanto a maioria das empresas ainda estava tentando refletir como iria resolver o problema do trabalho à distância, a Generali tinha a solução e o equipamento para botá-la em prática.

Evidentemente, durante essa transição brusca, diversos regimes de negociação tiveram que ser arquitetados. Por sorte, até uma série de vídeos preparatórios, como um sobre as maneiras de liderar sua equipe num contexto de *home office*, também foi produzida. Com uma equipe preparada e equipada para o desafio, a multinacional italiana conseguiu colocar em ação um projeto SAP[4] super complexo e todo trabalhado e negociado 100% à distância, uma coisa inimaginável no mundo de antes.

"Você imagina ter que negociar um projeto SAP, definir, fechar proposta, aprovar inclusive com a Itália, montar equipe, fazer o projeto, testar, homologar, treinar as pessoas, entregar o projeto, começar a trabalhar, tudo isso em *home office*? Nós fizemos isso!", enumera Muniz.

Esse projeto em questão consistia em transformar dezessete sistemas que davam suporte à área financeira — e que tinham, portanto, reverberações nas áreas operacionais — em um só. Isso implicava em refletir novos modelos de gestão que mostrassem a rentabilidade de cada produto da empresa de maneira mais clara. De outro modo, um desafio de peso. Consequentemente, o resultado foi a redução de mais de mil produtos da empresa, muitos deles mal formulados, para apenas uma centena deles. Muniz lembra-se do quebra-cabeça virtual do início dos tratados, quando os membros desses dezessete sistemas, cada um funcionando há décadas em sua própria "ilha", trabalhavam de formas diferentes um dos outros e tentavam defender os seus próprios interesses. "Não tinha ninguém que se entendesse. O grande desafio da comunicação foi fazer o meu parceiro compreender o assunto e negociar a montagem do projeto e das frentes de trabalho. Com os planos estabelecidos, tínhamos que negociar que equipe iria ser envolvida, negociar com a Itália e fazer os diretores europeus entenderem que nós, aqui do Brasil, tínhamos certas especificidades e não poderíamos seguir um modelo engessado, diferentemente do que foi feito na Argentina, por exemplo. Enfim, orquestrar isso tudo on-line foi uma loucura, que exigiu que a gente ficasse o tempo todo na frente do computador, conversando sem parar", descreve ele.

As negociações depois de 2020 deixaram algumas lições, na opinião de Muniz. Pode-se citar quatro delas. A primeira é que o *home office* não substitui 100%, em condições sanitárias normais, é claro, os bons e velhos encontros presenciais. Por mais que progressos possam ser feitos por meio de plataformas digitais, as negociações mais complexas exigem interação física, onde os detalhes são mais perceptíveis. Se em um ambiente virtual você tem dificuldade de passar nuances, no cara a cara, os integrantes de uma negociação se expressam com menos filtros, de maneira mais orgânica, e passam mensagens através da linguagem corporal. Muniz, por exemplo, retomou 30% dos seus encontros presenciais para ter uma fluidez melhor em suas negociações, principalmente nas mais sensíveis. Outras, como as que envolvem funcionários da Itália, continuam sendo feitas remotamente, mas com a ajuda de outras ferramentas mais modernas.

A segunda lição aprendida por Muniz é a da objetividade. Com cada membro da equipe sentado na frente de um computador diferente — muitas vezes na sala ao lado —, é preciso ir direto ao ponto para não tirar o foco da questão principal. A objetividade permite inclusive uma maior produtividade, já que aquele espaço de tempo será dedicado para discutir um determinado tema e nada mais. Em negociações que estão "emperradas", seja por problemas técnicos, seja pelo perfil de um ou outro membro da equipe, a solução continua sendo os encontros físicos, onde é possível se adaptar melhor ao discurso do outro. Isso nem sempre é possível, como frisa o Vice-Presidente: "Eu estou negociando há mais de um ano com uma empresa, com pessoas que eu nunca vi na vida, e isso torna a negociação mais difícil, sem dúvida nenhuma".

A terceira lição seria aproveitar o tempo de trabalho presencial para investir nas relações. Com essa nova realidade do *home office* estabelecida — porém, não sendo igual a do pico do coronavírus —, o tempo em que as pessoas estão no escritório é precioso, além de ser necessário usá-lo de maneira diferente. É preciso usufruí-lo para trabalhar as relações, para construir confiança e para conhecer os outros. Em resumo, no futuro, segundo Muniz, as tecnologias vão tornar o trabalho mais objetivo; o presencial será dedicado a questões mais complexas; e o tempo de escritório será dedicado aos nossos colegas humanos, que estão no mesmo espaço que nós.

A quarta lição aprendida pela equipe da Generali é a de que estamos vivendo hoje uma revolução onde os parâmetros do mundo do trabalho estão em plena constância de mudança. No começo da pandemia, muitos chefes se depararam com o problema do ponto. Como controlar as horas trabalhadas dos funcionários que estavam em suas casas? Num curto período, a direção da empresa percebeu que isso seria impossível e o termômetro para medir quem era bom empregado teria que ser outro. Os chefes tiveram que estabelecer uma relação mais baseada na confiança com as suas equipes e dirigir seus olhares muito mais para a entrega do que para o controle. Esse foi um desafio grande para os grupos operacionais, que passaram a focar muito mais na produtividade.

Antigamente, a companhia de seguros tinha um modelo de gestão muito mais baseado no manejo do que no resultado. Como o monitoramento dos funcionários se impossibilitou, os gestores passaram a ter conversas rápidas três vezes por dia com as suas equipes. Por outro lado, se antes as entregas eram verificadas apenas no final do mês, com a pandemia, a Generali passou a definir um método de controle de produtividade diário, semanal e mensal. Isso fez com que a direção da empresa se deparasse com realidades diversas e grupos diferentes uns dos outros. Em consequência, os chefes foram forçados a redefinir o que era produtividade em cada um dos setores da companhia: o da área de faturamento, por exemplo, não era o mesmo que o de sinistro, que diferia, por sua vez, do de emissão de apólices. Com isso em discussão, houve um ganho expansivo de visibilidade do que esses setores de fato entregavam. E não foi apenas isso. Os dirigentes da companhia perceberam também que algumas áreas estavam montadas de maneira errada. Devido às coisas mais claras, foi mais fácil corrigir esses erros.

"Melhoramos a nossa comunicação e sabemos agora o que queremos como entrega. Graças a essa metodologia, a nossa curva de produtividade foi incrível durante a pandemia, um período que foi duríssimo para a gente. Nós nos transformamos em uma seguradora de vida, que é justamente a área onde a covid-19 mais incidiu. Ou seja, o meu custo mais do que duplicou, e isso fez com que eu fosse obrigado a arranjar uma forma nova de ganhar em produtividade", explica ele.

O que Muniz e seus colegas perceberam é que essa visão nítida das coisas e uma medição diária de todas as atividades fez com que os próprios empregados ganhassem mais autonomia e autocontrole. Em um dia, o desempenho melhora, no outro, piora, e essas variações vão sendo compensadas e equilibradas ao longo do mês, conforme os objetivos que foram fixados. Sobrecargas de trabalho ou períodos de ociosidade se tornam mais evidentes e fazem com que os próprios funcionários monitorem essas curvas, aliviando a necessidade de controle dos chefes. Isso não quer dizer que o monitoramento seja extinto, é claro, mas ele passa a ser menos focado sobre o indivíduo para se centrar na questão-chave de "onde a empresa quer chegar?".

Com crianças chorando, cachorro interrompendo a reunião, outras pessoas da família trabalhando por vezes no mesmo cômodo e todas as outras turbulências da vida cotidiana invadindo o mundo do trabalho, é preciso lembrar também que o nível de concentração dos "escritórios caseiros" também muda. Alguns funcionários não conseguiram ser tão produtivos quanto outros. E essas formas de gerenciamento recém-adquiridas permitiram um olhar mais atento nas diferentes realidades das pessoas. "Se a gente não tivesse essa visão da produtividade, a gente iria estar em apuros. Algumas empresas ainda continuam com a ideia de monitorar o que a pessoa está fazendo naquele dia? Eles querem saber se aquele indivíduo saiu no meio da tarde, por exemplo. A gente cometeu alguns erros nesse sentido no início da pandemia e isso criou muito estresse. Inclusive perdemos funcionários por causa disso. E hoje em dia, é até curioso, porque, quando contratamos alguém, perguntamos logo: "Como é o seu dia a dia no trabalho *home office*?".

Atualmente, a Generali encontrou um equilíbrio de três dias no escritório para dois em casa, mas essa conta provavelmente vai ser invertida de dois para três, respectivamente. No futuro, Muniz acredita que os funcionários se encontrarão na empresa apenas um dia por semana. Em alguns países onde a companhia tem atuação, já se discute um presencial de apenas duas, três ou quatro vezes por ano. Tudo isso, em nome de uma maior qualidade de vida. Ao trabalhar de casa, é possível pular de uma reunião para outra, diminuir os custos da empresa com menos locais para todos os funcionários, almoçar com a família e até ir à academia cedo. Isso mostra que a empresa ainda está em pleno processo de negociação para definir esses novos modos de trabalho.

3.4 BRASKEM: NOVO MUNDO, NOVAS DINÂMICAS DE TRABALHO

Para a Braskem, maior petroquímica da América Latina, houve um mundo pré-coronavírus e um mundo pós-coronavírus, que não vai voltar a ser igual ao de antes de 2020. Durante os dois anos de confinamento e trabalho remoto, aprendemos a nos relacionar, a negociar e a trabalhar à distância. Com a volta para os escritórios e com novas realidades que se impõem, a empresa teve que reaprender a lidar com todos esses elementos e com cenários nunca explorados uma vez mais.

A empresa é do tipo que já nasceu grande. Criada em 2002 como resultado da junção de seis empresas da Organização Odebrecht e do Grupo Mariani, ela já inicia as suas atividades sendo a maior petroquímica de toda a América Latina. No mesmo ano de seu surgimento, suas ações foram listadas na Bolsa de Valores de São Paulo e de Nova York. O diferencial da empresa é que ela é a única do ramo brasileira a integrar as chamadas primeira e segunda geração de resinas termoplásticas. Traduzindo, isso quer dizer que, ao mesmo tempo que ela produz os petroquímicos básicos como o eteno e o propeno fundamentado na nafta, no gás natural e no etano (primeira geração), ela fabrica as resinas termoplásticas polietileno (PE), polipropileno (PP) e policloreto de vinila (PVC), da segunda geração, que serão utilizadas mais tarde pelas empresas de transformação (terceira geração). Na prática, isso dá à empresa vantagens competitivas, como escala de produção e eficiência operacional na fabricação de materiais que serão utilizados mais tarde em áreas que vão da moradia ao transporte, passando pela indústria, alimentação, entre outros.

Hoje, a companhia é a maior produtora de resinas termoplásticas nas Américas e a maior produtora de polipropileno nos Estados Unidos, além de ter sido a responsável pela fabricação do polietileno verde, feito baseado na cana-de-açúcar, de origem 100% renovável. O grupo tem 8 mil funcionários e 40 unidades industriais espalhadas por diversos países como o México, Alemanha e Estados Unidos — 29 delas localizadas no Brasil. Juntas, elas produzem mais de 16 milhões de toneladas de resinas termoplásticas por ano e de outros produtos químicos para atender clientes de mais de 70 países ao todo.

"Na crise é que a gente vê quem corre da cultura (da empresa) e quem corre para a cultura", cita o diretor de Recursos Humanos da Braskem, Rodrigo Gomes de Souza, para explicar porque a pandemia de covid-19 foi um divisor de águas de tudo o que era relacionado ao mundo do trabalho. Assim como aconteceu depois do 11 de setembro de 2001 e a queda das Torres Gêmeas nos Estados Unidos, o mundo mudou e nunca mais voltou a ser o mesmo. A mesma coisa vem acontecendo desde o início de 2020, o que forçou milhões de negociações, formais e informais, em diversas escalas e entre variados atores a serem traçadas. E elas obviamente não terminaram com a volta — ou a volta parcial — aos escritórios.

As mudanças mais significativas no *modus operandis* da organização começaram a ser desenhadas paulatinamente antes da pandemia, sendo concretizadas durante os dois anos em que convivemos com o vírus. Em 2017, Souza assumiu a missão global de pensar em novas formas de trabalhar, o que incluía um projeto de transição digital e uma discussão sobre que tipo de empresa a petroquímica gostaria de ser. A resposta para essa última pergunta pautaria um comportamento mais humano entre líderes e integrantes do grupo, que seriam consolidados pelos processos de RH durante os anos de confinamento.

Ele lembra que as primeiras negociações vieram logo depois do anúncio do trabalho remoto, principalmente por divergências de questões culturais. Em 2018, a direção permitiu que alguns tipos de funções fossem exercidas de casa até dois dias por semana, o que provocou uma série de mudanças de infraestrutura, como por exemplo a troca de desktops por laptops — um avanço no início da disseminação do coronavírus, quando houve inclusive uma penúria de computadores portáteis nos Estados Unidos.

Mesmo que alguns líderes brasileiros tenham ficado reticentes, acreditando que o trabalho remoto não iria funcionar, com o tempo, passou a ganhar tração. Nos Estados Unidos, por outro lado, depois de muita negociação, o *home office* foi implementado com muita dificuldade apenas uma vez a cada quinze dias; enquanto aqui no Brasil, a rotina era de duas vezes por semana. A formalidade dos norte-americanos no trabalho difere muito da informalidade natural dos brasileiros e dos mexicanos, de acordo com ele.

Com a pandemia, todos os funcionários passaram a trabalhar de casa e o resultado foi mais positivo do que negativo. Souza cita como aprendizado o equilíbrio de forças, um dos pontos fundamentais de qualquer negociação bem sucedida, que resultou do trabalho remoto. Pessoas mais introvertidas, que numa sala de reunião tem mais dificuldade de levantar a mão e fazer uma pergunta ou expor uma ideia, passaram a se sentir menos intimidadas atrás de uma telinha. Antigamente, em seminários para, às vezes, 130 pessoas, as vozes de alguns poucos atores eram as que predominavam no auditório. O ambiente virtual se torna, então, mais participativo e democrático, mesmo quando pessoas da alta direção estão participando, segundo a experiência vivida na Braskem.

Guilherme Barreto, CDO da empresa, concorda com Souza. Responsável pelos processos de transformação digital na companhia, ele recorda que graças a uma reorganização de alguns times da empresa, as equipes passaram a ser multidisciplinares, fazendo com que uma missão fosse executada, por exemplo, por pessoas de tecnologia, de prática e de negócios misturadas. Antes da pandemia, porém, havia um desafio grande de conciliar as agendas e os relacionamentos dos diversos grupos, muitos deles já trabalhando de forma híbrida em casa e no escritório. Isso fazia com que o nível de interação e de conexão entre os integrantes não funcionasse tão bem. Com o confinamento e todo mundo trabalhando de maneira virtual, as pessoas foram todas colocadas em um mesmo nível, aumentando o sentimento de pertencimento, a produtividade e o engajamento dos times de trabalho.

Uma comunicação mais eficaz levou os times a se aproximarem e entenderem qual era o objetivo do que estava sendo feito. É observado que antes da covid-19 uma reunião era organizada com o grupo inteiro e a pauta ia sendo feita na hora, sem necessariamente um planejamento de agenda do que seria discutido; no ambiente virtual, os propósitos ficaram mais claros, definidos e direcionados. "O período de pandemia foi quando a gente mais cresceu em maturidade de processos e em modelos de trabalho", crava Barreto. "Com práticas simples, criamos um relacionamento melhor. E isso converge nas negociações de uma maneira contínua, mais direta, mais objetiva e com foco na resolução do problema".

Outras soluções foram surgindo com o passar do tempo. Outrora, muitas negociações começavam na sala de reuniões e terminavam mais tarde com soluções convenientes para todos os lados, na hora do "cafezinho". A empresa criou então um cafezinho virtual, onde as pessoas se "encontravam" para um momento de maior informalidade. Todos os dias, as pessoas também trocavam figurinhas nos chamados "Dailys", uma espécie de balanço rotineiro pensado para colocar os pingos nos is. O projeto tem algum bloqueio? Precisa de apoio? Continua dentro do planejamento? Desses encontros, surgiam problemas e soluções.

O mundo virtual também acabou se mostrando mais colaborativo. Barreto conta que as antigas dinâmicas em que cada um levantava a mão para dizer o que achava de tal assunto — que demoravam às vezes uma hora — foram substituídas por post-its virtuais. Todo mundo escreve o que pensa e em 10 minutos você já tem uma visão global da opinião geral. Mais um ponto positivo para os introvertidos, que não precisaram nem levantar a mão para se expressarem diante dos olhares do público presente.

Essa circunstância também serviu de laboratório para colocar em prática as tais políticas humanas das quais Souza se referiu na troca de direção que aconteceu antes da covid-19. Uma de suas preocupações centrais era a de como continuar sendo humano num ambiente virtual. Uma das respostas encontradas foi fazer uma espécie de "check-in" no início de todas as reuniões para verificar como as pessoas estavam. Os integrantes tinham, caso quisessem, espaço para falar de seus problemas. E se depois disso não desse tempo de entrar na agenda do dia, estava tudo bem. Outra reunião seria marcada com esse intuito.

É evidente que isso funcionou mais em algumas culturas do que em outras. Uma das diretrizes do RH durante a pandemia era a de ficar atento a sinais de estresse e conversar com as pessoas de sua equipe para evitar casos de estafa. Enquanto os latino-americanos tiraram a diretiva de letra, os nossos vizinhos norte-americanos achavam a política uma invasão de privacidade. "Eles respondiam: 'Antes, quando eu podia falar, eu já mandava e-mail, imagina agora?'", lembra Barreto. De qualquer forma, foram muitos os frutos dessa política. Eles resultaram tanto em soluções mais práticas, como o envio de mobiliário para trabalhar onde quer que a pessoa estivesse, quanto mais sutis, como um serviço de apoio psicológico e jurídico, não só para os colaboradores da Braskem, como também para as suas famílias. Dentro desse programa de saúde e bem-estar, uma série de *lives* foram feitas sobre diversos assuntos. Souza conta que essa série de assessorias que nasceram na pandemia continuam a funcionar agora de maneira perene. "Antigamente falávamos muito do profissional e do pessoal, e o que a pandemia e o trabalho remoto nos ensinaram é que não dá para separar os dois. Mais do que nunca ficou claro que a gente é um ser humano integral. As coisas se misturaram", afirma Souza. "Quando está todo mundo junto, os ritos e os símbolos estão muito presentes. Nesse novo contexto virtual, a coisa é diferente. Então a gente está aprendendo muito sobre isso nesse momento".

A lição mais importante que deve ser retida é que tal tipo de postura tende a ter reflexos práticos nos rendimentos da empresa. Com os filhos dentro de casa e as tarefas domésticas invadindo o mundo do trabalho, muitas pessoas tiveram dificuldades para organizar suas novas rotinas. Alguns, por exemplo, só podiam trabalhar a partir das 16h, momento em que seus companheiros poderiam se encarregar das crianças. Com o suporte da empresa e horários mais flexíveis, esses colaboradores mostraram resultados impressionantes porque estavam extremamente focados.

A integração das equipes também passou a ser um desafio. Do início da pandemia até o meio de 2022, 553 pessoas foram contratadas na Braskem do Brasil. Se antes elas seriam ciceroneadas durante todo um dia por diversas pessoas, hoje elas são guiadas por uma série de vídeos e cursos. Por outro prisma, para não perder o contato com os colegas, a Braskem passou a organizar *happy hours* virtuais, mandando kits de cerveja para a casa de seus funcionários. Tudo isso ajudou na construção dos valores da empresa no imaginário de seus integrantes, sejam eles antigos conhecidos ou recém-chegados.

Apesar dessas políticas positivas e do ganho em qualidade de vida (mais tempo com a família e menos no trânsito), é evidente que a transição do escritório para o trabalho remoto não aconteceu sem percalços. Assuntos que se resolviam informalmente nos corredores passaram a exigir reuniões dedicadas a eles. Pessoas que trabalhavam em campo, em áreas mais operacionais, ficaram um tempo desocupadas no começo da pandemia, quando as atividades estavam paralisadas. Só mais tarde elas foram reintegradas como consultoras, gerenciando o trabalho à distância, passando a atuar na tomada de decisão, na partida ou na intervenção de uma planta de maneira remota.

As lideranças também tiveram que reaprender a trabalhar. Reuniões na hora do almoço e e-mail depois das 18h foram proibidos. Isso porque as dinâmicas dentro de casa também se reestruturaram. Quem faz trabalho remoto, não come e vai embora. E sim cozinha, come e ainda limpa a bagunça. Por isso, o horário de almoço também foi expandido. "Gradualmente, a gente começou a ver muitos desses valores humanos que estávamos pregando sendo reproduzidos na prática", diz Souza. "O que é interessante da cultura da empresa é que muitas pessoas acreditam que ela está ligada a um ambiente físico, onde as pessoas interagem. O maior valor e o ponto mais importante da cultura, no entanto, é a relação das pessoas e como isso reflete na companhia."

Passado o pico do coronavírus, os colaboradores da Braskem voltaram pouco a pouco para os escritórios da empresa. Muitas lições, no entanto, se solidificaram. Tiveram que aprender a trabalhar na pandemia e agora estão tendo que retrabalhar num novo cenário, diferente dos dois anteriores. A verdade é que esse período encurtou o aprendizado da transformação digital que levaria sete, oito, dez anos para se estabelecer. Para começar, no auge do covid-19, muitas companhias cogitaram abdicar de vez de espaços próprios — o que provocou também efeitos nos comércios vizinhos, como restaurantes e pontos de táxi. Atualmente, os diretores entenderam a importância também do presencial e estão criando espaços de trabalho mais interativos, favorecendo o trabalho em equipe. A empresa hoje é um lugar para manter relações e criar interações. Os horários também estão mais ajustáveis: se o melhor para aquele colaborar é trabalhar até às 15h e depois fazer o resto de casa, tudo bem. Reuniões de dez pessoas, com seis em casa e três nos seus respectivos carros, falando do celular, antes era inimaginável, e hoje é comum.

As pessoas podem trabalhar literalmente de qualquer lugar e as viagens também se tornaram mais esparsas. Souza conta que antes do coronavírus, ele tomava um voo de 3000 mil quilômetros a cada 3 meses para conversar 3 horas com um colega. Algo que fazia parte do rito da companhia. No presente, com o virtual, as viagens são menos frequentes e as reuniões, mais objetivas, com uma visualização maior dos processos pela internet e encontros mais dirigidos, deixando questões corriqueiras de fora da pauta e se centrando em temas mais importantes.

Outra iniciativa otimizada é uma pesquisa de clima organizacional, que antes era feita a cada dois anos. Elas demoravam dois meses para serem aplicadas, outros três para serem depuradas e mais seis para a elaboração do plano de ação e para começar a implementar tais modelos. Nesse momento, chegava a hora de fazer uma nova pesquisa. Com a pandemia, outra metodologia foi criada. As pessoas respondem de casa e de maneira voluntária, usando um formulário. Dessa forma simplificada, a pesquisa pode ser feita cinco vezes por ano.

Barreto conta que os líderes hoje estão bem focados nos resultados e exercem mais a escuta, o entendimento e o aprendizado. Uma iniciativa interessante surgida nesse período, por exemplo, foi um canal de ideação, ou uma frente de ideias. Nele, os colaboradores podem propor uma nova solução ou forma de trabalhar. Uma governança específica, composta de vários times, como tecnologia e inovação, transforma aquela ideia num produto. Várias soluções digitais nasceram nesse contexto, tornando os processos mais democráticos e horizontalizados e favorecendo evidentemente a negociação.

3.5 CONEXA SAÚDE: HUMANIZAÇÃO POR MEIO DA TECNOLOGIA

Diferentes desafios permeiam o processo de digitalização da saúde, mas a pandemia da covid-19 foi algo de grande importância para os negócios da Conexa Saúde, empresa nativa digital que aposta na telemedicina para democratizar o acesso aos atendimentos médicos. A crise sanitária que impactou todo o mundo foi fundamental para que entidades do setor passassem a enxergar a saúde e a tecnologia como aliadas e acelerar o processo de regulamentação da telessaúde no Brasil. Além disso, o receio de frequentar clínicas médicas e hospitais para tratar sintomas não relacionados à covid-19 estimulou as pessoas a buscarem alternativas de como realizar seus atendimentos, usando a tecnologia como principal ferramenta para explorar o universo da saúde digital.

Líder em telemedicina no Brasil, a *startup* foi fundada em 2016 e registrou crescimento recorde nos últimos anos. A empresa, que acaba de levantar R$ 200 milhões numa rodada liderada pela Goldman Sachs Asset Management para financiar seus planos de expansão de seu portfólio de serviços, mostrou um progresso expressivo durante a pandemia do coronavírus. A empresa ofereceu serviços de pronto-atendimento virtual; atendimento especializado, com trinta especialidades médicas; atenção primária; e o atendimento de saúde mental, que ela passou a ofertar desde a compra da Psicologia Viva, em 2021, quando recebeu um aporte do BMG UPTech, corporate venture capital do Grupo BMG.

A companhia se define como a maior plataforma de cuidado integrado da América Latina. Nasceu no Rio de Janeiro como uma clínica de saúde voltada ao cuidado das pessoas; um ano depois do início da operação e dois anos antes da crise sanitária causada pelo coronavírus, adotou a telemedicina sob o argumento de que a tecnologia pode revolucionar o acesso à saúde e tornar a experiência do paciente mais humana, fácil e segura.

Segundo a KPMG, uma da 21 *startups* brasileiras que se enquadram no conceito de *emerging giants*, empresas em crescimento acelerado que se destacam não apenas no setor, mercado e geografia onde atuam, mas que também reúnem características específicas importantes, como jornadas de expansão relevantes e a participação em rodadas de *funding* e *exits* de sucesso.

Inovação é um dos ingredientes que está no DNA da Conexa Saúde desde o seu surgimento em 2016. A empresa nasceu com o propósito de resolver a falta de acesso à saúde de qualidade e, em 2017, adotou a telemedicina como ferramenta de transformação do setor, sempre tendo em vista a oferta de mais conforto e qualidade de atendimento aos pacientes. A partir desse momento, a Conexa

Saúde passou a atuar de maneira 100% digital, oferecendo planos de saúde para empresas que garantem acesso a teleconsultas com médicos, nutricionistas, psicólogos e mais de outras trinta especialidades disponíveis no portfólio da empresa. Atualmente, a *healthtech* gerencia cerca de 20 milhões de vidas com a ajuda de mais de 70 mil profissionais de saúde.

Todo o atendimento funciona de maneira integrada. Por exemplo, caso seja necessária a realização de um exame, o laboratório envia um enfermeiro à casa do paciente para fazer a coleta do material necessário, facilitando o acompanhamento e oferecendo mais comodidade.

A *startup* já atende grandes operadoras de saúde, como Unimed, SulAmérica e Bradesco, e também empresas como Mercado Livre, Roche e Vale, que oferecem teleatendimento médico como benefício para os funcionários. Atualmente, o foco da companhia está no mercado B2B, reunindo clientes e parceiros com nomes de peso em seu portfólio, como Magalu, Prossegur, BRF, Energisa, entre outros. Para o mercado B2C, a Conexa Saúde desenvolve uma parceria com o Banco Inter, que disponibiliza um modelo de assinatura para seus correntistas.

Com isso, registrou em 2022 cerca de 500 mil atendimentos por mês. Mediante o novo aporte, o plano da Conexa é passar a ofertar dois novos serviços: o monitoramento de doenças crônicas — como diabete e obesidade — e a coordenação de todo o cuidado do paciente para as operadoras.

Criar negócios no setor de saúde no Brasil é algo complexo. Nos dias de hoje, de acordo com pesquisa realizada pelo Ibope, encomendada pelo Instituto de Estudos de Saúde Suplementar (IESS), menos de 25% da população brasileira tem acesso à saúde suplementar, por conta do preço dos planos oferecidos. Guilherme Weigert, cofundador e CEO da Conexa Saúde, afirma que o modo como o modelo comercial de saúde foi criado no Brasil envolve incentivos errados, os hospitais têm o estímulo de fazer mais cirurgias, enquanto as operadoras, em contrapartida, têm a indução de simplificar esses procedimentos por conta dos custos elevados.

No fim das contas, o que ocorre é um aumento na sinistralidade dos planos de saúde e quem paga esse gasto são as empresas. Mais de 80% dos planos de saúde são atualmente pagos por pessoas jurídicas, e isso faz com que essas empresas tenham sempre um custo maior a cada ano, com os reajustes de 20% a 25%. Esse cenário ajuda a contextualizar o problema que a Conexa Saúde busca resolver no mercado.

Investir em telemedicina e saúde digital em 2017 era algo ainda mais desafiador que no tempo presente, especialmente por questões relacionadas à regulamentação. Naquela época, havia limitações, por exemplo, em relação às prescrições de remédios controlados, que não podiam ser feitas virtualmente. No entanto, Weingert lembra que desde o início da empresa havia a forte crença de que a saúde, assim como outros setores, também passaria por uma disrupção.

Um dos primeiros passos para que o processo de construção de uma plataforma focada em telemedicina saísse do papel foi conversar com entidades relevantes para o setor. Em parceria com outras empresas do segmento, a Conexa Saúde criou a associação "Saúde Digital Brasil", uma organização sem fins lucrativos cuja meta é ampliar o acesso de pacientes aos médicos através do uso da tecnologia. A instituição luta pelo avanço da telessaúde de forma ética e responsável, defendendo sua regulamentação perante o governo.

Durante a pandemia do coronavírus, um regimento chegou a ser liberado temporariamente para que profissionais de saúde pudessem realizar os atendimentos de maneira remota, diante das recomendações de isolamento social e da superlotação dos hospitais. Mas só em maio de 2022, o Conselho Federal de Medicina publicou a Resolução CFM n.º 2.314/2022, que regularizava a telemedicina. Um importante avanço para a implementação de práticas de saúde digital no país.

Outra questão igualmente desafiadora era o fator cultural e a aceitação das pessoas diante desse conceito relativamente novo de ofertar serviços de saúde. Mais uma vez, a pandemia ajudou a acelerar esse processo, considerando a facilidade do modelo de atendimento em um momento de precariedade no âmbito. Embora ainda haja muito o que avançar nesse sentido, observa-se uma resistência menor na utilização desses serviços, especialmente quando os pacientes testam a eficiência e a qualidade das consultas.

Segundo a empresa, 95% dos seus pacientes não vão para o hospital físico depois do auxílio por telemedicina. Ou seja, apenas 5% das pessoas precisam ser encaminhadas para um hospital. Além disso, outros 10% precisam de um direcionamento eletivo, não urgente, para uma consulta presencial. Dessa forma, 85% dos casos são resolvidos completamente através do digital, simbolizando uma resolutividade muito grande.

Atualmente, o Net Promoter Score (NPS) da Conexa Saúde é igual a 88, o que comprova que os pacientes gostam dos serviços e da qualidade deles. E só esses investimentos na qualidade do atendimento ao cliente já são suficientes para que estes atuem como verdadeiros embaixadores da telemedicina e divulguem os serviços para sua rede de contatos em uma espécie de marketing boca a boca. Não à toa, já são mais de 20 milhões de pessoas impactadas pelos serviços da Conexa Saúde.

Outro passo para garantir a confiança dos pacientes e construir uma plataforma de credibilidade foi a preocupação de levar para o projeto médicos de alta reputação, que contribuem no dia a dia a fim de controlar a qualidade nos atendimentos e a escolha dos melhores profissionais em suas áreas de atuação para integrar o time da empresa. Além de facilitar os atendimentos, a telemedicina ajuda a derrubar a barreira geográfica e levar consultas médicas de valor para pessoas de todas as regiões do país. Esta seria, por exemplo, uma alternativa para o problema de concentração na oferta de serviços de saúde nos grandes centros urbanos, enquanto as regiões rurais sofrem com a precariedade do setor.

Também vale considerar o aumento na capacidade de suprir a alta demanda de pacientes mais eficientemente, por meio dos investimentos em automação. A tecnologia pode ajudar a elevar a produtividade e o número de atendimentos que um profissional de saúde consegue fazer, seja com ferramentas de IA ou *machine learning*, por exemplo.

Na Conexa Saúde a captura de dados, respeitando as diretrizes da LGPD, auxilia os algoritmos na tomada de decisão, o que é fundamental para dar mais homogeneidade e eficiência nos atendimentos, garantindo uma maior produtividade dos profissionais de saúde. O objetivo é manter a atenção do médico no paciente, reduzindo o tempo gasto com preenchimento de formulários ou registros das consultas, tarefas que podem ser solucionadas com uso de dispositivos tecnológicos. Ademais, a empresa oferece capacitação e treinamento a esses profissionais e, um de seus diferenciais, uma remuneração competitiva com o mercado, para valorizar os médicos, enfermeiros, psicólogos e nutricionistas que atuam na plataforma. A ideia é criar incentivos para que esses profissionais se sintam estimulados a prestar a melhor consulta possível aos clientes. E com a ajuda da tecnologia, fica mais fácil medir o desempenho e garantir recompensas justas, conforme a performance de cada um.

Se fosse possível resumir em poucas palavras o propósito da Conexa Saúde, certamente o objetivo a ser alcançado seria a democratização da saúde de qualidade por meio da tecnologia. Desde seu surgimento, a empresa precisou se adaptar às necessidades do mercado e dos clientes antes de se consolidar como um sistema de saúde digital integral e longitudinal. Ou seja, que se preocupa em manter o nível de excelência para com o cliente desde seu primeiro contato.

Um dos diferenciais da empresa são os investimentos em uma equipe habilitada em fazer o acompanhamento dos pacientes de forma integralizada 24 horas, 7 dias por semana. Para um futuro próximo, Weigert vislumbra que o celular será um grande aliado dos cidadãos no cuidado com a saúde. Cada vez mais os pacientes terão uma experiência que engloba os mundos físico e digital, como por exemplo, fazendo consultas online, mas exames presenciais. Por isso, a gestão do paciente com apoio de recursos tecnológicos será importante para coordenar seu cuidado.

O negócio, que antes da pandemia tinha cerca de 2,5 mil consultas por mês, passou a atender mais de 500 mil após o início da crise sanitária mundial. Isso inclui desde atendimentos de prevenção, ou seja, quando o paciente ainda não apresenta nenhuma doença, até o momento em que uma enfermidade surge. Além disso, a empresa, que está presente no Brasil e em sete países da América Latina, pretende trabalhar em algumas soluções de expansão, como a relacionada à saúde mental, que hoje abarca pouco mais de 200 mil consultas por mês, com terapias e psiquiatrias. O plano é conseguir por meio do programa de saúde mental, por exemplo, oferecer um cuidado extenso com atenção primária para o paciente, criando um grande ecossistema de saúde tecnológica incorporada. Por fim, um dos desejos da Conexa Saúde é se consolidar como a maior empresa de saúde digital da América Latina, oferecendo ao paciente, durante toda a sua jornada de cuidado, um atendimento que inclui saúde física, emocional e comportamental de forma eficiente e acessível.

3.6 IFOOD: A TECNOLOGIA E AS PESSOAS COMO COMBUSTÍVEL PARA BOAS PRÁTICAS DE NEGÓCIOS

Há 11 anos no mercado, o iFood se consolidou como a maior *foodtech* do país. A empresa surgiu com o propósito de conectar consumidores com restaurantes, mas tem evoluído ao longo do tempo, tornando-se um verdadeiro ecossistema com soluções que facilitam o dia a dia das pessoas. O sucesso da companhia não está baseado apenas nas inovações tecnológicas, mas nos investimentos em educação continuada e nos indivíduos. A companhia já vislumbra quais serão seus próximos passos para promover uma experiência do consumidor ainda mais completa e intuitiva.

Quem observa o crescimento da maior especialista em tecnologia de alimentos do Brasil não imagina que o iFood começou sua história longe do mundo digital. A empresa abriu as portas em 2011 e tinha como produto um guia impresso de cardápios e uma central de atendimento para onde as pessoas podiam ligar e fazer seu pedido. No entanto, logo no início dessa trajetória existia a urgência de melhorar a experiência do consumidor. Foi partindo dessa inquietação que iniciaram os investimentos em tecnologia. Em 2012, a empresa lançou seu aplicativo e site, atraindo a atenção dos investidores para um negócio que já se mostrava promissor. Um deles é o Grupo Movile, parceiro do iFood até os dias atuais.

O rápido crescimento da *foodtech* também se deve às fusões que foram ocorrendo no decorrer do caminho. Em 2015, a empresa alcançou seu primeiro milhão de pedidos e, no ano seguinte, esse número praticamente triplicou por conta da fusão com o também aplicativo de comida Spoon Rocket. Além disso, novas soluções foram sendo adicionadas no complexo do iFood. No fim de 2019, foi lançada a opção “Supermercado”; em 2020, a “Farmácia”; e em 2021, a categoria “Pet”. O iFood já vislumbra quais serão seus próximos passos para manter progressivamente a inovação e o aprimoramento da experiência do consumidor que utiliza seu aplicativo. A companhia vem trabalhando no processo de segmentação individualizada do aplicativo. Ou seja, todo programa será altamente personalizado de acordo com os gostos, preferências e necessidades de cada cliente. A ideia é que este projeto esteja rodando já em 2023.

A *foodtech* referência na América Latina conta hoje com mais de 6 mil funcionários, 500 mil entregadores e 300 mil restaurantes trabalhando em conjunto. Ao todo, são atendidos cerca de 41 milhões de clientes no ano, totalizando 40 bilhões de vendas anuais em 1,5 mil cidades do Brasil com mais de 50 mil habitantes.

A variedade de serviços oferecidos pelo iFood colaboram para o crescimento da plataforma. De acordo com um estudo da Just Eat

Takeaway, empresa holandesa especializada em pedidos de comida on-line e entrega em domicílio, o iFood teve receita de mais de 2,5 bilhões de reais no primeiro semestre de 2022. O número representa um aumento de 28% em relação ao mesmo período em 2021.

Diego Barreto, Vice-Presidente de Finanças e Estratégia do iFood, explica que a empresa reúne frequentemente novas tecnologias digitais em seu modelo de negócios; é a partir dessa convergência que a *foodtech* consegue gerar mudanças na sociedade e, de modo consequente, nos hábitos das pessoas. Assim como demais empresas da nova economia, o iFood tem capacidade de criação de tecnologia proprietária, um dos diferenciais da marca.

A corporação nasceu com a ideia de fazer a ligação entre consumidores e restaurantes, mas a cada ano vem se renovando e trazendo mais produtos para seu portfólio, sempre com o foco em oferecer a melhor experiência possível ao cliente. Quando surgiu, seu produto ainda não era digital, mas em apenas um ano, a empresa evoluiu e conseguiu levar a prática de fazer pedidos de comida delivery para o celular.

Na parte tecnológica, a empresa trabalha com muita análise de dados. Uma das ferramentas mais utilizadas para ajudá-la a alcançar seus objetivos é a Inteligência Artificial (IA). Os modelos de IA utilizados pela *foodtech f*oram criados em um nível de sofisticação estatístico, além da criação de modelos preditivos, tudo feito de forma descentralizada com base em uma estrutura de padronização de dados, que é o Data Lake. Ele consegue coletar 99% das informações e mantê-las disponíveis com o mesmo suporte de linguagem.

No presente, conta com mais de cem modelos de Inteligência Artificial e uma de suas principais aplicações é na parte logística.

Por exemplo, em dias chuvosos, quando cai a oferta de entregadores, é preciso aumentar o preço das mesmas, e é a IA coordena todo esse processo.

Outra aplicação é na roteirização do trajeto, que permite ao consumidor visualizar a rota de entrega do seu pedido e saber quanto tempo levará para o entregador chegar em sua casa. Assim, toda essa organização logística é montada por modelos de IA, sem interferência humana. Para mais, existem as soluções periféricas, como as opções de pagamento on-line.

Todos esses produtos são pensados para oferecer mais conveniência ao consumidor e são fundamentais para a criação de um negócio de alta frequência, responsável por gerar mais proximidade com o cliente, que está sempre em contato com a marca. Esse empreendimento também permite a criação de verticais que agregam às soluções e geram um grande agrupamento. De forma resumida, a companhia aposta numa cultura digital que continuamente incorpora novas tecnologias a fim de criar uma transação de alta frequência, ao mesmo tempo que investe em resultados verticais para a construção de um ideal conjunto.

Barreto ainda destaca que dentro da companhia a tecnologia é enxergada sob três facetas. A primeira delas é a mais romântica e está ligada à concepção de que esta consegue escalar resoluções tornando a vida das pessoas mais fácil, liberando seu tempo para que elas gastem da maneira que acharem melhor.

Já a segunda está relacionada ao dilema. Isto é, na mesma medida em que a tecnologia cria facilidades para a rotina, ela também levanta questionamentos éticos sobre o certo e o errado. O Vice-Presidente de Finanças e Estratégia do iFood defende que a tecnologia não é unânime, porque ela muda o status quo e por mais que ele fosse incorreto, injusto ou incerto, o ser humano não costuma aceitar com receptividade essas mudanças em um primeiro momento.

Por fim, existe o lado do pêndulo. Todas as vezes que surge uma nova tecnologia, ela gera um frisson e logo depois apresenta uma série de percalços até se ajustar novamente. A grande questão é que conviver nesse mundo do pêndulo é difícil, complexo e desafiador.

No iFood, para lidar com esses traços da modernização, toda a equipe, em suas diferentes áreas de atuação, trabalha três características. A primeira delas são os valores, pois a todo o tempo os profissionais são desafiados a tomarem decisões complexas. Quem não tem valores estabelecidos não consegue discernir o certo e o errado, ainda mais diante de um negócio que escala rápido.

O segundo ponto é a flexibilidade e a velocidade para fazer ajustes ágeis quando necessário. Nesse ponto é importante ressaltar que não há problema em cometer erros, inclusive, é difícil acertar 100% das vezes. O crucial é estar preparado para promover mudanças e adaptar o que for necessário. Um terceiro tópico é, justamente, a questão da revisão ética. Ou melhor, como você define ética quando precisa alterar vários elementos de um sistema? Diego Barreto define a tecnologia como bela para achar soluções e escalar, ao passo que exige um comportamento nobre e ágil. No entanto, a mesma pode ser um tormento por te obrigar a conviver o tempo todo com o limite dessas questões.

Para tornar tal processo de interação com a tecnologia mais fluido e intuitivo, o iFood estimula o aprendizado constante. Na companhia, há um entendimento de que os conceitos relacionados a esse tema não estão pré-definidos, nem estáveis; por isso, existe uma necessidade constante de estudar e aprender mais sobre as novidades do setor para evoluir.

Esse investimento em educação se estende a todos os parceiros da companhia, ou seja, entregadores, restaurantes e mercados. A exemplo disso, em 2021, a empresa lançou o iFood Decola, uma plataforma de cursos rápidos e gratuitos que abrange diferentes temas, desde como fazer entregas mais seguras até dicas de empreendedorismo.

Além disso, também em 2021, a *foodtech* iniciou o projeto Potência Tech, que apoia a formação de profissionais de tecnologia por meio de cursos gratuitos e programas de bolsas de estudos. A iniciativa visa ajudar o iFood a atingir a meta de aumentar as oportunidades de perfis sub-representados na sociedade e de baixa renda com a formação de 25 mil pessoas na área no máximo em 2025.

As contratações no iFood não são feitas de forma engessada. A empresa busca muito mais que um currículo bem-apresentado, o foco é contratar as pessoas certas, no momento certo, para trabalhar em projetos específicos. Dessa forma, não há uma estrutura hierárquica rígida em relação às equipes que compõem os diferentes times que atuam na organização. Torna-se, de forma mais importante, o objetivo de contratar profissionais alinhados à cultura da empresa e que respeitam a forma de pensar e agir adotada pela companhia.

Outro aspecto é que a empresa se mantém atenta aos erros e focos de melhoria para agir rapidamente quando surge um problema. Basicamente, dentro de sua cultura, os contratempos são acolhidos e as equipes trabalham depressa na busca de uma solução, em vez de procrastinar em cima da necessidade de manter um *status* relacionado a uma decisão tomada anteriormente. Assim, investir em uma comunicação eficaz e assertiva é fundamental.

A implementação dessa cultura focada em pessoas só é possível porque o iFood tem clareza de onde quer chegar e de qual maneira pretende atingir seus objetivos. Na empresa, há um entendimento de que os colaboradores e parceiros são peças fundamentais para que ela consiga atingir seu propósito com excelência. Segundo Barreto, o iFood é uma corporação onde as pessoas sonham grande e, por isso, a companhia conseguiu atingir a marca de 1 bilhão de entregas por ano no país, entregando os pedidos em um tempo médio de 28 minutos. Para ele, o segredo está associado ao fato de ter visão, uma boa comunicação e uma equipe alinhada à motivação da empresa.

É evidente que a maior parte do sucesso da instituição está relacionada aos investimentos em tecnologia de ponta e ao *modus operandi* do iFood. No dia a dia, as equipes têm autonomia para definir suas estratégias e desdobrar longas metas em diferentes tarefas que vão sendo cumpridas de acordo com sua ordem de prioridade. Todas os grupos de trabalho têm o mesmo grau de relevância dentro da companhia. O time de *tech* não difere do de pessoas, por exemplo. Todos falam a mesma língua e pensam, em última instância, de forma parecida sob a ótica estrutural, facilitando o processo de integração dentro da empresa.

3.7 RESERVA: ACELERAÇÃO DIGITAL E INVESTIMENTOS EM TECNOLOGIA

Fundada por dois jovens amigos cariocas, a Reserva não demorou muito para se destacar no mercado da moda masculina. Mas a pandemia de covid-19 impôs um intenso desafio para a empresa: desenvolver instrumentos e soluções capazes de ajudar a aumentar a conversão de vendas on-line mediante o fechamento das lojas físicas, principal fonte de receita da companhia. Além disso, a empresa precisou se reinventar e estruturar uma operação inteligente que permitisse a migração do trabalho presencial para o remoto de forma eficiente, para que continuasse em pleno funcionamento em meio à crise sanitária.

A Reserva nasceu em 2004, fundada pelos amigos de infância Rony Meisler e Fernando Sigal, que criaram a própria bermuda com o slogan: "*Be yourself but not always the same*". O primeiro produto da companhia, que se tornaria uma das marcas mais populares do Brasil, foi um sucesso. Inclusive, o nome Reserva é uma homenagem à praia preferida da "galera", localizada na Barra da Tijuca, zona oeste do Rio de Janeiro. Dois anos depois desse primeiro acontecimento, a Reserva estreava na semana de moda carioca: a Fashion Rio.

De lá para cá, a marca cresceu e se consolidou no mercado nacional, até ser comprada pelo Grupo Arezzo em dezembro de 2020 por um valor de R$ 715 milhões. Só no segundo trimestre de 2022, a empresa faturou R$ 251 milhões em receita bruta. O número é 75% maior que o apurado no mesmo período em 2021. Além disso, a Reserva acumula outros resultados expressivos. Por exemplo: mais de 87% de crescimento em *sell out;* 1,4 milhões de peças de roupas vendidas; 64% de receita influenciada; e 39% de participação de vendas *omnichanel*. Em meio a todo esse avanço, a empresa também investiu em um novo produto: a introdução da linha feminina no Dia dos Namorados de 2022.

No início, a Reserva contava apenas com as lojas físicas, até que após uns cinco anos de sua inauguração iniciou-se uma movimentação para o desenvolvimento de um *e-commerce*. Para a empresa, a tecnologia atua como viabilizadora frente a melhoria da oferta de produtos. Mais que isso, é uma ferramenta que ajuda a identificar oportunidades e como explorá-las. Foi com base nessa crença que surgiu um dos primeiros produtos icônicos da marca: a camiseta personalizável. Na prática, é bem simples. Basta o cliente entrar na plataforma "Faça você", customizar o produto da maneira que desejar e a corporação produz a peça sob demanda para este consumidor.

Claudio Voivodic, diretor de TI da Reserva, explicou que para viabilizar a ideia foi desenvolvida uma plataforma capaz de entregar essa facilidade de customização do artigo. Depois disso, a empresa trabalhou na integração da ferramenta com o fluxo produtivo, para que fosse possível fazer sua realização perante procura em um período curto de tempo. O que começou com a fabricação sob demanda de camisetas estampadas, evoluiu para a oferta de outros produtos, como camisas polo com bordado e até tênis customizados.

A tecnologia também foi fundamental para solucionar um problema no que se refere ao armazenamento e uso de dados dos clientes. Com a loja física, no caso, a principal ponte entre o consumidor e a marca é o vendedor. Um movimento muito natural que acontecia é que este vendedor tinha acesso às informações sobre os clientes que a empresa desconhecia. Com um eventual desligamento desse profissional, esses dados, valiosos para a companhia, se perdiam.

Diante disso, a Reserva começou a articular maneiras de conseguir reter essas informações e transformá-los em algo benéfico para o relacionamento com o comprador. A resposta foi criar um sistema para reter tais informações de maneira digitalizada. Cada consumidor foi atribuído à carteira de um vendedor responsável por gerenciar o vínculo com aquele cliente, em diferentes fases. Por exemplo, entrar em contato no mês de aniversário ou em uma ação de pós-venda.

Essa segmentação ajuda a Reserva a entender como cada consumidor se relaciona com a marca e como ele gostaria de ser atendido, personalizando a experiência de compra de cada um. Isso traz proximidade entre vendedor e cliente, gerando encantamento, o que faz com que o atendimento da Reserva seja diferenciado. Voivodic destaca que essa solução relativamente simples conseguiu obter resultados significativos para a empresa. Por exemplo, 40% das vendas da loja eram provenientes desses contatos. Apesar disso, as estratégias de retenção e fidelização de consumidores ainda estavam ligadas ao mundo físico.

O que de fato estimulou a empresa a alavancar seus negócios no *e-commerce,* por uma questão de necessidade, foi a pandemia da covid-19. Claudio Voivodic lembra que de um dia para outro todas as lojas físicas tiveram que fechar as portas. E, para não ser engolida pela pandemia, a Reserva precisou ajustar o seu foco de vendas para o digital.

Dentro desse contexto surgiu um novo dispositivo para uso dos vendedores: o Now. A estratégia era bem simples. Consistia em captar clientes, mas em vez de direcioná-los para dentro da loja física, eles eram convidados a explorar o *e-commerce* da Reserva. Para comissionar os profissionais, a maneira encontrada foi elaborar um código de venda para cada funcionário, que quando usado, oferecia benefícios aos consumidores. A estratégia não só salvou a empresa durante a pandemia, como também a Reserva conseguiu chegar a um número de vendas próximo ao que as lojas físicas faturavam. Assim, essa foi uma forma de passar pela crise sanitária de maneira menos traumática.

Além disso, foi a partir dessa experiência que a Reserva começou a trabalhar o conceito de omnicanalidade em sua completude. Ou seja, mesmo com a reabertura das lojas físicas, os vendedores seguem atuando, mas também como consultores on-line. Não importa se o consumidor é um cliente do mundo físico ou do mundo digital, em algum momento ele será contactado por um vendedor para auxiliá-lo no seu processo de compra.

Outro exemplo que comprova isso é o Reservado. Um serviço onde o cliente que mora em uma cidade onde tenha uma loja física da Reserva pode receber uma mala de produtos, de acordo com seu gosto pessoal, em casa. O consumidor tem alguns dias para escolher as peças que o agrada e no fim do prazo um vendedor volta à residência dele e recolhe os itens que não serão comprados. Quando lançado, o serviço gerou um crescimento súbito em vendas e até hoje é super representativo nos resultados da empresa.

O diretor de TI da Reserva explicou, no entanto, que a tecnologia deve ser usada com sabedoria. Na companhia existe um conjunto de regras que determinam como e quando deve ser feito o contato com o cliente. Esse é um ponto onde as empresas podem facilmente perder o passo e pecar pelo excesso. Quando uma pessoa vai a uma loja física, por exemplo, ela já imagina que em algum momento será abordada por um vendedor. É diferente de estar em casa ou no trabalho e receber mensagens ou ligações de um vendedor oferecendo um produto que não foi solicitado. Assim, a tecnologia se configura como uma ferramenta que facilita a interação entre a marca e o consumidor, mas as empresas precisam ter sensibilidade no uso dessa tecnologia para saber realizar a melhor abordagem e não fazer com que tal meio tecnológico se torne algo ruim para o negócio.

A Reserva se destaca no mercado por apresentar ao consumidor um tratamento diferenciado. Internamente, há o entendimento de que os vendedores devem atuar como amigos dos clientes. O objetivo é proporcionar um ambiente mais descontraído e não tão comercial. Há, inclusive, um programa de recompensas para os vendedores que conseguem prestar esse serviço humanizado aos compradores. A iniciativa "Movendo céus e terra pelo cliente" premia as melhores histórias de encantamento dentro das lojas. Em todo semestre, o supervisor ou gerente de cada loja manda uma história de encantamento que tenha acontecido e o vendedor é premiado por sua atuação.

Todas essas soluções implementadas na Reserva foram desenvolvidas não para patentear uma ideia ou um produto exclusivo, porque a ideia todo mundo pode copiar. O diferencial da loja é usar esses recursos aliados à cultura e ao propósito da empresa. Por isso, com a finalidade de desenvolver um produto novo, a empresa testa, valida, verifica se está aderente ao objetivo que quer e só então expande, mas sempre tentando focar na cultura de uso dessa mercadoria.

A estratégia tem gerado resultados positivos. Há algum tempo, a Reserva vem sustentando um crescimento muito forte, quase que similar ao de uma *startup*, comprovando a força da tecnologia para ajudar a alavancar os negócios.

Para desenvolver essas novas ferramentas e tecnologias, a Reserva conta com um time formado por cem pessoas, divididos em diversos segmentos: desenvolvimento de produtos digitais, Back Office etc. É esta a equipe responsável pelos artifícios concebidos pela empresa. Porém, também são usados recursos de parceiros, como a AWS da Amazon. Na prática, sempre é feita uma validação de quais soluções faz sentido abordar internamente.

O *e-commerce* da marca, por exemplo, não é uma plataforma própria, assim como o PDV. Entretanto, os produtos que podem ser um diferencial são pensados dentro de casa, porque precisam ser algo muito aderente à cultura da Reserva. O que também acontece, às vezes, é que empresas externas são contratadas para esse desenvolvimento.

Quem olha para o atual número de funcionários atuando na área de TI da Reserva não imagina que em um passado não tão distante a equipe consistia em um grupo de apenas trinta pessoas. Essa foi outra necessidade trazida pela pandemia: estruturar um time capaz de lidar com mais produtos baseados em tecnologia para que a empresa conseguisse chegar onde a loja física não era capaz.

A barreira geográfica para a contratação desses profissionais também foi deixada de lado. Hoje, o quadro conta com pessoas de diferentes localidades do país e não há mais a necessidade de ter alguém trabalhando inteiramente no formato presencial. Aliás, a Reserva foi uma das muitas empresas que optou por manter o formato de trabalho híbrido no pós-pandemia, pratica que não era adotada antes da crise sanitária. Para a empresa, o momento do coronavírus foi um baque até nesse aspecto.

Voivodic esclarece que o time de tecnologia até já estava habituado a essa forma de trabalhar, pela necessidade de ter pessoas disponíveis fora do horário comercial, porém para o resto da empresa, a possibilidade era praticamente zero, salvo algumas exceções. O primeiro passo foi montar uma estrutura que comportasse o acesso remoto, treinar as pessoas para esse novo jeito de expediente e gerar um minimanual explicando como funcionaria essa logística.

Depois do período pandêmico, o formato híbrido se tornou natural para os colaboradores, que agora só precisam comparecer à empresa alguns dias na semana. Segundo Claudio Voivodic, o escritório nem comportaria mais todos os funcionários da Reserva, visto que a equipe aumentou durante esse intervalo. Se considerarmos os vendedores, o número de colaboradores ultrapassa os 2,5 mil.

Os funcionários são divididos em *squads*, que atuam em produtos específicos ou em pedaços da cadeia de valor. Todas elas realizam pelo menos uma reunião diária, mesmo que curta, para forçar esse ponto de contato e manter o alinhamento entre o time diariamente.

Chegar a esse modelo foi um processo intuitivo para a liderança. Ou seja, não houve uma preparação específica para formalizar como deveria ser o código de conduta do trabalho híbrido. Em vez disso, os líderes apostaram em muita troca de informações para ver o que estava funcionando com cada equipe. Apesar da questão do *home office*, e depois do trabalho híbrido, ser vista como um tabu inicialmente, a empresa aprendeu na prática que nem sempre o presencial era a melhor solução ou o mais produtivo.

CONCLUSÃO

EM TODOS OS TÓPICOS ANALISADOS, NOTA-SE QUE O CONtexto é um dos principais fatores que influencia não só a forma das pessoas se relacionarem e interagirem mutuamente, mas também o próprio meio ao qual estão inseridas. Isso quer dizer que ele é um agente ativo nas negociações, já que exerce influência na maneira subsequente com a qual as partes envolvidas irão conduzir a conversa — seja com a percepção de que é preciso adaptar a falta de recursos visuais e dicas não verbais de concordância ou discordância, ou se valendo da tecnologia para preencher o vazio que esses mecanismos inconscientes possam ter deixado.

Dentro desse fator desdobram-se outros nove fundamentos da negociação apresentados inicialmente neste livro, cada um exercendo maior ou menor influência, dependendo do que se pretende alcançar ou do momento no qual a negociação está (preparação, criação de valor, distribuição de valor e implementação):

1. Cognição;
2. Interesses;
3. Opções;

4. Padrão/Critérios;
5. Tempo;
6. Concessão;
7. Relacionamento;
8. Poder;
9. Conformidade Legal.

Ao longo do que foi discutido até aqui, percebe-se que de um jeito ou de outro as transações irão ocorrer, independente do contexto. Outra conclusão é que faz parte do cerne humano se adaptar às demais adversidades para tirar o melhor proveito da situação.

Este é, afinal, um dos fatores seletivos mais importantes da história da evolução humana e que possibilitou a predominância da nossa espécie no planeta. Não à toa, esse poder de adequação também é uma *soft skill* bastante visada no mercado de trabalho, que muda a qualquer segundo — fato observado principalmente com a duração da pandemia e das demais medidas de isolamento social.

Esse poder de ajuste faz toda a diferença nestes tempos "onlife", termo cunhado pelo professor de Filosofia e Ética da Informação na Universidade de Oxford, onde dirige o Digital Ethics Lab, Luciano Floridi, para designar o período em que a barreira entre o real e o virtual caiu e não há mais uma diferença tão clara entre o on-line e o off-line, tornando a existência híbrida por conta dessa hiperconectividade.

Hoje, vemos cada vez mais a projeção de invenções pensadas para uma existência *onlife*. A Universidade do Michigan, nos Estados Unidos, criou uma cidade *fake* com 130 mil metros quadrados onde disponibiliza seu espaço para diversas desenvolvedoras de tecnologias testarem seus carros autônomos com faixas preferenciais dedicadas a eles. Já em Tóquio, no Japão, alguns restaurantes adotaram o uso de robôs controlados por pessoas que não conseguem sair de casa para trabalhar como garçons.

E essas criações ganham ainda mais relevância ao se pensar no burburinho do metaverso da Meta (antigo Facebook), um ambiente virtual que mistura elementos digitais e reais, no qual esses dez fundamentos terão que ser adaptados e repensados. Apesar de um meio digital, o metaverso se propõe a imitar a vida fora das telas, com algumas melhorias, tudo para estabelecer a experiência dos usuários de modo mais imersivo possível.

Empresas em todo mundo estudam a possibilidade de despontarem nesse novo ambiente virtual e conquistarem uma parcela relevante de usuários engajados e influenciados pelo que veem lá dentro. Não obstante, existe um movimento crescente de investimentos para construir campanhas de marketing e espaços de trabalho virtuais no metaverso, com conteúdos 3D e imersivos, criando ativos de publicidade e comércio eletrônico melhores, mais rápidos e baratos.

No entanto, apesar dos avanços no metaverso, existem algumas preocupações. A mais latente é o fato de que, em um futuro não muito distante, pessoas escolham passar mais tempo no espaço virtual do que no real. Esse é um medo corroborado inclusive pelo ex-CEO do Google, Eric Schmidt, numa entrevista ao The New York Times em novembro do ano passado (COSTA, 2021). Para ele, "Todas as pessoas que falam sobre metaversos estão falando sobre mundos que são mais satisfatórios do que o atual. Você é mais rico, mais bonito, mais poderoso e mais rápido. Em alguns anos, as pessoas vão escolher passar mais tempo com seus óculos no metaverso. E quem vai ditar as regras? O mundo vai se tornar mais digital do que físico".

Mesmo que essa realidade ainda leve mais de uma década para ser totalmente concretizada e exija que gigantes da tecnologia unam suas forças para que essa ideia saia do papel com todo o seu poder, é importante que se pense criticamente no futuro das relações nesse meio e, consequentemente, no impacto que essa influência digital terá nos dez elementos da negociação.

A princípio, espera-se que as novas tecnologias de realidade virtual sejam voltadas para empresas que poderão financiar projetos e usar as ferramentas para conduzir treinamentos, reuniões, trabalhos remotos e eventos, podendo criar oportunidades em áreas como educação, *e-commerce* e consumo. Mas dentro desse novo lugar, outra problemática surge: a autonomia das decisões com base no conselho dos algoritmos, tema bastante discutido aqui e ressaltado em outros materiais, como o filme *O Dilema das Redes*, lançado em 2020 pela Netflix, onde ficou evidente o poder das redes sociais na sociedade atual e como elas manipulam as tomadas de decisão e toda uma cultura.

Segundo Federico Grosso, *general manager* da Adobe na América Latina em entrevista para a Forbes, outro ponto com o qual deve-se estar atento é a intensificação do imediatismo decorrente da velocidade com a qual essas mudanças acontecem quando se pensa nas experiências digitais. A necessidade de monitoramento sentida não só em um âmbito corporativo, mas relacional também, de responder e oferecer tudo em "tempo real", é algo que, de acordo com Grosso, vamos conviver com muito mais frequência nos próximos anos. Esse padrão de comportamento tem um efeito dominó nos outros fundamentos da negociação e cabe ao indivíduo interpretar as melhores práticas para transitar nessa nova realidade.

Contudo, é importante reconhecer as facilidades que este novo momento *onlife* possibilita. No tempo atual, não é mais necessário aguardar longas filas para consultar trabalhos acadêmicos e muito menos ter que se deslocar a algum lugar para acessar esses materiais, como bibliotecas. Basta fazer uma rápida pesquisa no computador e pronto, em poucos cliques você já encontrou o que precisava. Além disso, você pode muito bem assistir da sua casa a uma aula do Massachusetts Institute of Technology (MIT), em Oxford, na Inglaterra, estando do outro lado do planeta.

Ainda assim, a confiança e a responsabilidade humana são partes essenciais para a condução de negociações, não importa se ocorrem em meios digitais, físicos ou híbridos, pelo simples fato de você não confiar em uma máquina para conduzir um acordo multimilionário, por exemplo. Isso porque essa tecnologia não entende às nuances por trás das interações e sua compreensão de mundo costuma ser crua, e até mesmo equivocada. Mas nada impede que essas duas partes sejam complementares e possam ajudar uma à outra.

A ideia do metaverso de Zuckerberg e de outros sugere que o mundo digital em que vivemos atualmente não é o suficiente. Por outro lado, vemos um movimento conflitante de pessoas que buscam viver mais fora das telas, mesmo que ocasionalmente visitem esse espaço virtual.

De todo modo, a atual certeza do domínio digital é que ele oferece vantagens sobre o mundo físico, com comunicações instantâneas de áudio e vídeo, acesso a enormes coleções de *insights* e propaganda, além de conduzir lugares físicos e virtuais que atendem a todos os nossos caprichos 24 horas, 7 dias por semana. É também verdade que essa mesma tecnologia aumenta e complementa nosso mundo, não procura substituí-lo; e para melhor transitar entre esses dois espaços, é necessário avaliar os casos e adaptar a postura relacional de acordo com eles.

Em suma, esta existência híbrida (*onlife)* já é, de certa forma, um panorama nosso. E agora com a iminência do metaverso da Meta, inúmeras possibilidades se apresentam para a sociedade atual, mesmo em seus estágios iniciais. Dar vida a esse projeto exigirá colaboração e cooperação entre empresas, desenvolvedores e formuladores de políticas; enquanto que as tecnologias na quais estarão mais maduras deverão auxiliar a construção da presença virtual da sociedade, sempre com um olhar crítico e empático voltado para uma interação humano-humano semelhante ao do mundo físico.

REFERÊNCIAS BIBLIOGRÁFICAS

AGRELA, L. *App do Magalu tem botão discreto para denunciar violência doméstica.* Disponível em: <https://exame.com/tecnologia/app-do-magalu-tem-botao-discreto-para-denunciar-violencia-domestica/>. Acesso em: 7 jul. 2023.

AMCHAM BRASIL. *75% das empresas enfrentam problemas causados por conflitos entre líderes das gerações baby boomer, X e Y, aponta pesquisa da AMCHAM Brasil.* 30 jun. 2011. Disponível em: https://www.amcham.com.br/noticias/gestao/75-das-empresas-enfrentam-problemas-causados-por-conflitos-entre-lideres-das-geracoes-baby-boomer-x-e-y-aponta-pesquisa-da-amcham. Acesso em: 27 fev. 2022.

APPUS. *Soft Skills: você sabe quais são as mais valorizadas pelas empresas?*, 2021. Disponível em: https://www.appus.com/blog/desenvolvimento/soft-skills/. Acesso em: 11 abr. 2022.

ARISTÓTELES. *Ética a Nicômaco.* Tradução de Leonel Vallandro e Gerd Bornheim da versão inglesa de W. D. Ross In: Os Pensadores. São Paulo: Nova Cultural, 1973, v.4.

ARROW, Kenneth J. *et al. Barreiras para resolução de conflitos.* 1ª. ed. [S. l.]: Saraiva Educação, 2012. 440 p.

ARRUDA, M. *Nova tropicália: uma desterritorialização da internet algorítmica.* Artigo apresentado no GP Semiótica da Comunicação, XVI Encontro dos Grupos de Pesquisas em Comunicação. São Paulo, 2016. 4–5 p.

BETTER UP. *The Value of Belonging at Work: New Frontiers for Inclusion in 2021 and Beyond. Better Up.* Disponível em: https://www.betterup.com/en-us/resources/reports/the-value-of-belonging-at-work-the-business-case-for-investing-in-workplace-inclusion?camp=7012J000001YGmw&utm_medium=OAD&utm_source=HBR&utm_campaign=AMS19+-+Belonging+Report&utm_term=WP. Acesso em: 1º maio 2021.

BIRDWHISTELL, R.L. *Kinesics and context: essays on body motion communication*. 4.ed. Philadelphia: UPP (University of Pensylvania Press), 1985.

CAMPOS, Bruno. *'O Dilema das Redes': afinal, preciso deletar minhas redes sociais?* IT Fórum, 8 nov. 2020. Disponível em: https://itforum.com.br/noticias/o-dilema-das-redes-afinal-preciso-deletar-minhas-redes-sociais/. Acesso em: 15 abr. 2022.

CASTELLS, Manuel. *The Impact of the Internet on Society: A Global Perspective*. MIT Technology Review, 8 set. 2019. Disponível em: https://www.technologyreview.com/2014/09/08/171458/the-impact-of-the-internet-on-society-a-global-perspective/. Acesso em: 29 set. 2020.

CIALDINI, R. *Pré-suasão*. Rio de Janeiro: Sextante, 2017.

COSTA, DANILLO. *Ex-CEO do Google diz que Meta 'não é a melhor coisa para a sociedade humana'*. GQ Online, 1° nov. 2021. Disponível em: https://gq.globo.com/Tecnologia/noticia/2021/11/ex-ceo-do-google-diz-que-meta-nao-e-melhor-coisa-para-sociedade.html. Acesso em: 15 fev. 2022.

CRUZ, Felipe B. *Expert em linguagem corporal atesta: reuniões virtuais afetam comunicação*. Veja, 10 abr. 2021. Disponível em: https://veja.abril.com.br/tecnologia/expert-em-linguagem-corporal-atesta-reunioes-virtuais-afetam-comunicacao/. Acesso em: 8 fev. 2022.

D'ANGELO, Matt. *Elon Musk: 'AI is a fundamental risk to the existence of human civilization'*. TESLA Rati, 17 jul. 2017. Disponível em: https://www.teslarati.com/elon-musk-ai-fundamental-risk-existence-human-civilization/. Acesso em: 29 set. 2020.

DELOITTE. *The Future of Work in Technology. Deloitte Insights* Disponível em: https://www2.deloitte.com/content/dam/Deloitte/ec/Documents/technology-media-telecommunications/DI_The-future-of-work-in-technology%20(1).pdf. Acesso em: 22 set. 2020.

DILEMA DAS REDES SOCIAIS. Direção: Jeff Orlowski. Produção de Larissa Rhodes. Estados Unidos: Netflix, 2020. Disponível em: https://www.netflix.com/br/title/81254224. Acesso em: 4 abr. 2022.

DUZERT, Yann; SIMIONATO, Monica. *Newgociação: a neurociência das negociações*. 1ª. ed. Qualitymark Editora Ltda, 2018. 199 p.

______, Yann; SPINOLA, Ana Teresa S. *Negociação e Administração de Conflitos*. 1ª. ed. Editora FGV, 2018. 172 p.

______, Yann; ZERUNYAN, Frank Vram; MORAES, Márcia Maria R. *Newgociação para Profissionais do Setor Público*. 1ª. ed. Rio de Janeiro: Alta Books, 2021. 208 p.

EISENHARDT, Kathleen M.; KAHWAJY, Jean L.; BOURGEOIS III, L. J. *How Management Teams Can Have a Good Fight. Harvard Business Review on Point*. Harvard Business School Publishing Corporation, p. 1, 1º fev. 2018. Disponível em: https://www.womeninanesthesiology.org/wp-content/uploads/2018/02/HBR-how-management-teams-can-have-a-good-fight.pdf. Acesso em: 8 fev. 2022.

ESTADÃO. *Cidades fakes são construídas para testar carros autônomos*. Estadão. Disponível em: https://mobilidade.estadao.com.br/mobilidade-para-que/cidades-fakes-sao-construidas-para-testar-carros-autonomos/. Acesso em: 15 abr. 2022.

EXAME ON-LINE. *O fim do poder, na visão de Moisés Naim*. Revista Exame, 20 dez. 2013. Disponível em: https://exame.com/revista-exame/um-mundo-novo-e-bravo/#:~:text=Em%20poucas%20palavras%2C%20o%20poder,produz%20cada%20vez%20menos%20resultados. Acesso em: 14 fev. 2022.

G1. *FACEBOOK anuncia que vai mostrar mais posts de amigos e familiares, e menos de marcas e empresas*. Disponível em: https://g1.globo.com/economia/tecnologia/noticia/facebook-muda-feed-de-noticias-para-aumentar-posts-de-amigos-e-parentes.ghtml. Acesso em: 30 nov. 2020.

FERREIRA, Paul; NICIDA, Júlia; VALENTE, Luiz. *Desmistificando a produtividade e os efeitos do home office integral durante a pandemia*. Harvard Business Review, 20 jul. 2020. Disponível em: https://hbrbr.com.br/desmistificando-a-produtividade-e-os-efeitos-do-home-office-integral-durante-a-pandemia/. Acesso em: 22 set. 2020.

FGV. *Newgociação: novo livro traz técnicas que auxiliam empresas a ter êxito nos negócios*. Portal FGV, 12 jun. 2018. Disponível em: https://portal.fgv.br/noticias/newgociacao-novo-livro-traz-tecnicas-auxiliam-empresas-ter-exito-negocios. Acesso em: 8 fev. 2022.

G1. *Restaurante em Tóquio tem robôs como garçons; veja vídeo*. Disponível em: https://g1.globo.com/globo-reporter/noticia/2021/07/18/restaurante-em-toquio-tem-robos-como-garcons-veja-video.ghtml. Acesso em: 15 abr. 2022.

GEBAUER, G.; WULF C. *Mimese na Cultura*. São Paulo: Annablume, 2004, p. 40.

GLOSSÁRIO. *Teoria do Prospecto*. Mais Retorno, 27 ago. 2019. Disponível em: https://maisretorno.com/portal/termos/t/teoria-do-prospecto. Acesso em: 5 abr. 2022.

GOVERNO FEDERAL. *O que é a Campanha Desafio Detox Digital Brasil*. Governo Federal, 1º jul. 2019. Disponível em: https://www.gov.br/mdh/pt-br/navegue-por-temas/reconecte/o-que-e-a-campanha-desafio-detox-digital-brasil. Acesso em: 14 jan. 2021.

GOVERNO FEDERAL. *O que é o Reconecte*. Governo Federal, 1º jul. 2019. Disponível em: https://www.gov.br/mdh/pt-br/navegue-por-temas/reconecte/o-que-e-o-reconecte. Acesso em: 14 jan. 2021.

GROSSO, Federico. *Experiência digital personalizada é a nova onda da inovação*. Forbes, 7 abr. 2022. Disponível em: https://forbes.com.br/forbes-tech/2022/04/federico-grosso-experiencia-digital-personalizada-e-a-nova-onda-da-inovacao/. Acesso em: 15 abr. 2022.

HAIDAR, Daniel. *Quanto mais produtos da Apple consumidor tem, mais ele quer comprar itens da marca, diz estudo da UnB*. Jornal O Globo, 17 out. 2011. Economia. Disponível em: https://oglobo.globo.com/economia/quanto-mais-produtos-da-apple-consumidor-tem-mais-ele-quer-comprar-itens-da-marca-diz-estudo-da-unb-2787565. Acesso em: 8 out. 2020.

HANCOCK, Jaime Rubio. *Como as emoções nas redes sociais nos manipulam e polarizam*. El País Brasil, 24 ago. 2019. Disponível em: https://brasil.elpais.com/brasil/2019/08/22/tecnologia/1566480798_855818.html. Acesso em: 8 nov. 2020.

HAO, Karen. *A pandemia está esvaziando as centrais de atendimento. Os chatbots de IA estão entrando em ação*. MIT Technology Review Brasil, 21 jul. 2020. Disponível em: https://mittechreview.com.br/a-pandemia-esta-esvaziando-as-centrais-de-atendimento-os-chatbots-de-ia-estao-entrando-em-acao/. Acesso em: 27 dez. 2020.

HEAVEN, Will Douglas. *Esta startup está usando Inteligência Artificial para dar aos trabalhadores uma "pontuação de produtividade"*. MIT Technology Review Brasil, 8 dez. 2020. Disponível em: https://mittechreview.com.br/esta-startup-esta-usando-inteligencia-artificial-para-dar-aos-trabalhadores-uma-pontuacao-de-produtividade/. Acesso em: 10 dez. 2020.

EDGEPOINT LEARNING. *How To Develop And Train For Soft Skills In The Workplace*. [S. l.], 2021. Disponível em: https://www.edgepointlearning.com/blog/train-for-soft-skills/. Acesso em: 11 abr. 2022.

IBGE. *Celular é o principal meio de acesso à internet no país*. Instituto Brasileiro de Geografia e Estatística (IBGE), 1º jan. 2018. Disponível em: https://www.ibge.gov.br/estatisticas/multidominio/condicoes-de-vida-desigualdade-e-pobreza/17270-pnad-continua.html?=&t=downloads. Acesso em: 29 set. 2020.

INSTITUTE FOR TECHNOLOGY, ENTREPRENEURSHIP AND CULTURE; COORDENAÇÃO DE MARKETING DA FGV; INFOBASE INTERATIVA; SAS. *Índice de Confiança Digital*. Relatório Índice de Confiança Digital, v. 3, p. 17, 1º jan. 2020. Disponível em: https://gallery.mailchimp.com/877ea5d9535266dcb5e1bf77c/files/23668d45-7307-4cde-9a85-a7e1a91afdbe/icd_relatorio_2019_01_v7.pdf. Acesso em: 5 out. 2020.

INSTITUTO HUMANITAS UNISINOS. *"A era do Onlife, onde real e virtual se (com)fundem"*. Instituto Humanitas Unisinos, 2 out. 2019. Disponível em: https://www.ihu.unisinos.br/78-noticias/593095-luciano-floridi-vou-explicar-a-era-do-onlife-onde-real-e-virtual-se-com-fundem. Acesso em: 15 abr. 2022.

KAHNEMAN, D.; TVERSKY, A. *Prospect theory: An analysis of decisions under risk*. Econometrica.1979.

________, D.; TVERSKY, A. *Choices, values e frames*. American Psychologist.1984.

KEMP, SIMON. *Digital 2020: global digital overview*. Data Reportal, 30 jan. 2020. Disponível em: https://datareportal.com/reports/digital-2020-global-digital-overview. Acesso em: 12 set. 2020.

KINSELLA, BRET. Google Again Leads in Voice Assistant IQ Test but Alexa is Closing the Gap According to Loup Ventures. Voicebot.ai, 19 ago. 2019. Disponível em: https://voicebot.ai/2019/08/19/google-again-leads-in-voice-assistant-iq-test-but-alexa-is-closing-the-gap-according-to-loup-ventures/. Acesso em: 8 fev. 2022.

KRAMERA, Adam D. I.; GUILLORY, Jamie E.; HANCOCKB, Jeffrey T. Correction for Kramer *et al. Experimental evidence of massive-scale emotional contagion through social networks*. Proceedings of the National Academy of Sciences (PNAS), [S. l.], v. 11, n. 29, 22 jul. 2014. DOI: https://doi.org/10.1073/pnas.1412583111. Disponível em: https://www.pnas.org/content/pnas/111/24/8788.full.pdf. Acesso em: 8 nov. 2020.

LARSON, B.; VROMAN, S.; MAKARIUS, E. *A guide to managing your (newly) remote workers*. Harvard Business Review, 26 ago. 2016. Disponível em: https://hbr.org/2020/03/a-guide-to-managing-your-newly-remote-workers. Acesso em: 22 set. 2020.

LATOUR, B. *Reagregando o social*. Salvador: Editora da Universidade Federal da Bahia, 2012.

LIPTON, Andrea. *Cultivating Belonging in the Era of COVID-19: Putting the Three A's of Inclusion to Work*. Harvard Business Publishing Corporate, 26 maio 2020. Disponível em: https://www.harvardbusiness.org/cultivating-belonging-in-the-era-of-covid-19-putting-the-three-as-of-inclusion-to-work/. Acesso em: 12 out. 2020.

MALAR, João Pedro. *Entenda o que é o metaverso e por que ele pode não estar tão distante de você*. CNN Brasil, 10 set. 2021. Disponível em: https://www.cnnbrasil.com.br/business/entenda-o-que-e-o-metaverso-e-por-que-ele-pode-nao-estar-tao-distante-de-voce/. Acesso em: 15 abr. 2022.

MICROSOFT. *Por que usar o Viva Insights: Melhore seus padrões de trabalho através de ideias de produtividade pessoal*. Microsoft, 22 dez. 2021. Disponível em: https://docs.microsoft.com/pt-br/viva/insights/personal/Overview/Better-work-habits. Acesso em: 23 dez. 2021.

MIT TECHNOLOGY REVIEW BRASIL. *Mudanças profundas na cultura do trabalho*. MIT Technology Review Brasil Special Edition Home Office, Rio de Janeiro, ano 1, nº 1, p. 04–11, 1º dez. 2020. Disponível em: https://mittechreview.com.br/mudancas-profundas-na-cultura-do-trabalho/. Acesso em: 1 nov. 2021.

____________________________. *O GPT-3 e porque não estamos mais próximos da singularidade*. MIT Technology Review Brasil, 10 ago. 2020. Disponível em: https://mittechreview.com.br/o-gpt-3-e-porque-nao-estamos-mais-proximos-da-singularidade/. Acesso em: 27 out. 2020.

NAÍM, Moisés. *O Fim do Poder*. 2ª. ed. Leya, 2019. 392 p.

NATURA. *Conheça a Nat, a assistente virtual da Natura*. Disponível em: https://www.natura.com.br/blog/mais-natura/conheca-a-nat-a-assistente-virtual-da-natura. Acesso em: 7 jul. de 2023.

O GLOBO. *Entenda o que é estupro virtual*. Disponível em: <https://oglobo.globo.com/rio/noticia/2023/07/entenda-o-que-e-estupro-virtual.ghtml>. Acesso em: 7 jul. 2023.

OLIVEIRA, J. *Nomofobia: o que é e como se livrar da ansiedade digital.* Disponível em: <https://claudia.abril.com.br/saude/como-se-livrar-ansiedade-digital>. Acesso em: 9 jul. 2023.

PLATÃO. *Diálogos: Mênon, Banquete, Fedro.* Rio de Janeiro: Globo, 1969.

Proteção de Dados: o que a lei geral muda na sua vida. Gravação de Sociedade Digital – Jovem Pan News. YouTube: 2019. Disponível em: https://www.youtube.com/watch?v=vHh0Wn1B7j4&ab_channel=JovemPanNews. Acesso em: 11 dez. 2020.

RIBEIRO, Gabriel. *Como o Instagram funciona? Entenda o algoritmo que organiza seu feed.* TechTudo, 6 jun. 2018. Disponível em: https://www.techtudo.com.br/noticias/2018/06/como-o-instagram-funciona-entenda-o-algoritmo-que-organiza-seu-feed.ghtml. Acesso em: 30 nov. 2020.

ROCHA, Roseani. *Casas Bahia remodela seu "Baianinho".* Meio & Mensagem, 16 out. 2020. Disponível em: https://www.meioemensagem.com.br/home/marketing/2020/10/16/casas-bahia-apresenta-baianinho-totalmente-remodelado.html. Acesso em: 31 out. 2020.

SANTANA, Bruno. *Apple Music se consolida na vice-liderança do mercado de streaming, que cresce durante a pandemia.* Mac Magazine, 10 jul. 2020. Disponível em: https://macmagazine.uol.com.br/post/2020/07/10/apple-music-se-consolida-na-vice-lideranca-do-mercado-de-streaming-que-cresce-durante-a-pandemia/. Acesso em: 8 out. 2020.

SAS. *Processamento de Linguagem Natural.* SAS Technology, 21 jul. 2020. Disponível em: https://www.sas.com/pt_br/insights/analytics/processamento-de-linguagem-natural.html. Acesso em: 28 dez. 2020.

SUTTO, Giovanna. *Como a "Lu" elevou o patamar do marketing do Magazine* Luiza. InfoMoney, 13 set. 2019. Disponível em: https://www.infomoney.com.br/negocios/como-a-lu-elevou-o-patamar-do-marketing-do-magazine-luiza/. Acesso em: 31 ago. 2020.

TELEFÓNICA, Fundación. *Sociedad digital en España (Historia).* 1º. ed. Espanha: TAURUS, 2019. v. 1, 328 p.

THE REMOTE WORK REVOLUTION. *Gravação de SALT Talks #207.* SALT Venture Group, LLC, 2021. Disponível em: https://www.youtube.com/watch?app=desktop&v=MCBKoCRLmDg&ab_channel=SALT. Acesso em: 28 abr. 2021.

TOCCI, Meghan. *What Pleasures Would You Sacrifice to Keep Your Smartphone?* Simple Texting, p. 1, 5 ago. 2020. Disponível em: https://simpletexting.com/sacrifices-to-keep-smartphone/. Acesso em: 29 nov. 2020.

TOKARNIA, Mariana. *Celular é o principal meio de acesso à internet no país.* Agência Brasil, 29 abr. 2020. Disponível em: https://agenciabrasil.ebc.com.br/economia/noticia/2020-04/celular-e-o-principal-meio-de-acesso-internet-no-pais. Acesso em: 29 set. 2020.

TRUMP, Donald. *América Debilitada: como tornar a América grande outra vez.* Porto Alegre: CDG, 2016.

TURNER, Karen. *Amazon is piloting teams with a 30-hour workweek.* Washington Post, 26 ago. 2016. Disponível em: https://www.washingtonpost.com/news/the-switch/wp/2016/08/26/amazon-is-piloting-teams-with-a-30-hour-work-week/. Acesso em: 22 set. 2020.

TWENGE, Jean M. *Have smartphones destroyed a generation?* The Atlantic, 1º set. 2017. Disponível em: https://www.theatlantic.com/magazine/archive/2017/09/has-the-smartphone-destroyed-a-generation/534198/. Acesso em: 10 nov. 2020.

UERJ LABUTA. *O dilema das redes sociais e a vigilância sobre o trabalhador.* Laboratório UERJ de Trabalho e Previdência, 16 out. 2020. Disponível em: https://uerjlabuta.com/2020/10/16/o-dilema-das-redes-sociais-e-a-vigilancia-sobre-o-trabalhador/. Acesso em: 11 dez. 2020.

URY, William; PATTON, Bruce; FISHER, Roger. *Como Chegar ao Sim: A Negociação de Acordos sem Concessões.* 2ª. edi. revisada e ampliada. Rio de Janeiro: Imago, 2005.

VIENS, Ashley. *This graph tells us who's using social media the most.* World Economic Forum, 2 out. 2019. Disponível em: https://www.weforum.org/agenda/2019/10/social-media-use-by-generation/. Acesso em: 13 out. 2020.

WE ARE SOCIAL. https://wearesocial-net.s3.amazonaws.com/uk/wp-content/uploads/sites/2/2020/01/10-Social-Media-Daily-Time-%E2%80%93-DataReportal-Digital-2020-Global-Digital-Overview-Slide-92.png. We Are Social, 1 jan. 2020. Disponível em: https://wearesocial-net.s3.amazonaws.com/uk/wp-content/uploads/sites/2/2020/01/10-Social-Media-Daily-Time-%E2%80%93-DataReportal-Digital-2020-Global-Digital-Overview-Slide-92.png. Acesso em: 13 set. 2020.

NOTAS

CAPÍTULO 1:

1. *Game of Thrones:* Série de televisão americana transmitida e criada pelo canal HBO. A história se passa em um mundo onde guerra e fantasia se misturam. A trama acompanha as movimentações de várias figuras poderosas que competem entre si para ocupar o Trono de Ferro e governar os Sete Reinos, em meio a batalhas, intrigas, alianças, casamentos, assassinatos e crises de sucessão.
2. *House of Cards:* Série de televisão americana disponível na Netflix. Em um drama sobre as consequências do poder e da corrupção, trata-se de uma história onde são ultrapassados os limites para satisfazer o desejo de um homem que ambiciona governar o mundo.
3. Baby boomers: 1946–1964; geração X: 1965–1979; geração Y ou millennials: 1980–2000; e geração Z: 2001–2014.
4. A e-reputação, também conhecida como Reputação Digital, é a percepção pública de uma pessoa ou empresa na internet. Ela é fomentada por conteúdos publicados e compartilhados nas redes sociais, blogs e sites como notícias, artigos e mídias; e interações, sejam por meio de avaliações como por opiniões e comentários. Fonte parcial: https://rockcontent.com/br/blog/reputacao-digital/. Acesso em: 3 jul. 2023.
5. Mimetismo, na biologia, se refere à relação ecológica na qual os indivíduos de uma determinada espécie buscam parecer-se com outros organismos, partes ou objetos do meio ambiente em troca de algum benefício para a sua sobrevivência. Assim, estabelece-se uma relação entre três seres: o modelo, ou seja, a espécie que será copiada por conta de alguma característica especial; a mimética, a espécie que irá buscar assemelhar-se ao modelo em aparência ou comportamento; e o receptor, aquele que não conseguirá encontrar uma distinção entre o modelo e a mimética. (GEBAUER e WULF, *Mimese na Cultura*. São Paulo: Annablume, 2004, p. 40).

6. Alan Turing (1912–1954) é considerado por biógrafos como uma personalidade de suma importância para a história da computação contemporânea e também da Inteligência Artificial.
7. As *deepfakes* são uma técnica de síntese de imagens ou sons humanos baseada em métodos de Inteligência Artificial. É mais usada para combinar uma fala a um vídeo já existente.
8. Também conhecido como Internet bot ou *web robot*, é uma aplicação de software concebido para simular ações humanas repetidas vezes de maneira padrão, da mesma forma como faria um robô, muito comum em redes sociais como Facebook e Twitter.
9. Primeiro jornal conhecido, iniciativa do general romano Júlio César, em 69 a.C. As notícias eram divulgadas por meio de tábuas fixadas nos muros das principais localidades da época.
10. Esse experimento foi duramente criticado por ser realizado sem o consentimento dos usuários.
11. Movimento que começou em 2013 e recebeu grande destaque na mídia em 2020 após a onda de protestos causados pela morte de George Floyd por um policial de Minneapolis, nos Estados Unidos.
12. Situação em que informações, ideias e crenças são amplificadas ou reforçadas pela comunicação e repetição em um sistema definido. Nas câmaras de eco, as opiniões diferentes ou concorrentes são censuradas e/ou desautorizadas, enquanto as fontes dominantes são inquestionáveis e exaltadas pelos que estão dentro dela.
13. Temas abordados no tópico "A influência das redes sociais no comportamento humano" e posteriormente no focado sobre FoMO e JoMo.
14. Ideia cunhada por Michel Foucault (1926–1984), no qual seria uma espécie de penitenciária ideal, construída no formato circular, composta por andares de celas com um pátio no centro e uma torre de observação, onde o vigia poderia espiar os presos ao redor, na solidão de suas celas individuais, sem que o aprisionado pudesse ver o seu observador, incutindo-lhes, a partir da consciência de vigilância constante, o temor da observação e garantindo o comportamento obediente do indivíduo. Essa ideia é revisitada por George Orwell em seu livro *1984*, em que o panóptico é representado por meio de câmeras de monitoramento colocadas por toda a cidade e nos televisores obrigatórios em todas as

residências e pela figura de autoridade conhecida como "Irmão Maior", que controla a população, tirando-lhe qualquer direito à privacidade.

15. Número de seguidores no Instagram visto no dia 28 de dezembro de 2020.

16. Segundo o site da SAS, o Processamento de linguagem natural (PLN) é uma vertente da Inteligência Artificial que ajuda computadores a entender, interpretar e manipular a linguagem humana. O PLN resulta de diversas disciplinas, incluindo ciência da computação e linguística computacional, que buscam preencher a lacuna entre a comunicação humana e o entendimento dos computadores.

17. O cancelamento é um ataque à reputação de figuras públicas ou não, empresas, marcas etc em virtude de uma atitude considerada negativa pelo público. Um usuário pode fazer uma denúncia em sua conta nas redes sociais marcando empresas relacionadas ao acusado e autoridades públicas e outros influenciadores para amplificar o alcance da mensagem e assim disseminar a denúncia. O denunciado se vê sem saída e sem a possibilidade de necessariamente se defender das acusações.

18. Imagens, vídeos ou GIFs relacionados ao humor e que se espalham pela internet. O termo foi citado pela primeira vez por Richard Dawkins no livro *O Gene Egoísta*, em 1976. Já é uma linguagem amplamente usada pelos internautas e que a todo instante novos elementos ganham espaço.

CAPÍTULO 2:

1. Realizado com o suporte de professores da Fundação Getúlio Vargas e com análises do SAS Brasil, o Índice de Confiança Digital busca ilustrar, ao longo do tempo, a perspectiva das pessoas em relação à tecnologia. Para isso, o indicador considera o impacto de variáveis externas, como mudanças políticas, sociais, econômicas, ambientais ou mesmo tecnológicas nessa relação, bem como grupos de segmento como idade, sexo, região e renda. Os resultados são publicados semestralmente e fornecem um comparativo entre o desempenho de mercado e a variação do indicador, além de mapear de forma qualitativa os possíveis fatores que levaram às variações observadas.

2. Programa da Jovem Pan que aborda as tecnologias em evidência, seus impactos na sociedade e aplicabilidade nos negócios.

3. Outro termo cunhado por Sinan Aral.
4. Conceito cunhado por W. Chan Kim e Renée Mauborgne que dividiu o mercado em dois contextos: oceano vermelho, marcado por uma concorrência acirrada, comoditizado, sem diferenciação entre empresas, com margem de lucro baixa; e oceano azul, caracterizado por oportunidades ainda não exploradas pelos outros *players* e no qual a concorrência torna-se irrelevante, dado o alto grau de inovação e diferenciação da empresa.
5. Em 2015, a Apple lançou o serviço de *streaming* Apple Music, mas o Spotify continua reinando o mercado com cerca de 33% dos assinantes de acordo com um levantamento feito pela Counterpoint Research, referente ao primeiro trimestre de 2020.

CAPÍTULO 3:

1. "Um cluster (do inglês cluster: "grupo, aglomerado") consiste em computadores fraca ou fortemente ligados que trabalham em conjunto, de modo que, em muitos aspectos, podem ser considerados como um único sistema. Diferentemente dos computadores em grade, computadores em cluster têm cada conjunto de nós, para executar a mesma tarefa, controlado e programado por software." (Fonte: https://pt.wikipedia.org/wiki/Cluster)
2. "(...) compromisso firmado pelas empresas para colocar os critérios de ESG em prática. Ou seja, é um conjunto de objetivos e ações que demonstram como o negócio irá lidar com as questões ambientais, sociais e de governança."(Fonte: https://www.amcham.com.br/noticias/gestao/o-que-e-agenda-esg-e-qual-a-sua-importancia-para-os-negocios#:~:text=A%20Agenda%20ESG%20nada%20mais,ambientais%2C%20sociais%20e%20de%20governan%C3%A7a)
3. "maratona de programação na qual hackers se reúnem por horas, dias ou até semanas, a fim de explorar dados abertos, desvendar códigos e sistemas lógicos, discutir novas ideias e desenvolver projetos de software ou mesmo de hardware." (Fonte: https://pt.wikipedia.org/wiki/Hackathon)
4. Projeto de esforço temporário com prazo e escopo definidos para melhorar um produto já existente ou criar um novo.

ÍNDICE

D

E

F

G

H

I

S

T

U

V